북유럽 반할지도

북유럽반할지도

최상희 · 최민 지음

해변에서랄랄라

prologue

희미하게 가을의 기척이 느껴지는 계절에 북유럽에 도착했다.

공기는 청량하고 날씨는 화창하고 바다와 호수는 푸르렀다. 계절을 보내지 않으려는 듯 태양은 여름 못지않게 이글거렸고 방심하고 드러낸 피부는 금방 노릇하게 달궈졌다. 바야흐로 인디언서머였다. 사람들은 내게 운이 좋다고 했다. 여행 운이 따른다는 건, 날씨 얘기인 경우가 많다.

들판의 꽃은 여름의 색을 내뿜었고 호숫가 작은 여름 별장 뒤로 뭉게구름이 피어올랐고 마당에 걸린 수영복은 물방울을 또옥똑 떨어뜨렸다. 하지만 계절의 여신이 유예된 여름을 마침내 거두어가자 가을이 오는가 싶더니 아쉬워할 틈도 없이 겨울이 성큼 다가왔다. 해는 믿을 수 없으리 만큼 빨리 지고 공기는 싸늘해졌다. 낙엽이 지기도 전에 세상은 하얀 눈으로 덮였다. 푸르고 창백한 북구의 겨울이 시작되었다. 그렇게 세 개의 계절을 만났다. 찬란한 여름과 한줌의 가을, 그리고 신비로운 겨울. 짐작도 못한 일이었다. 세 계절 동안 스웨덴, 핀란드, 노르웨이, 덴마크, 그리고 에스토니아, 다섯 나라를 만났다.

길고 푸르스름한 북유럽의 밤을 보내며 어느 때보다 밝고 빛나는 별을 올려다보는 일이 많았다. 밤은 때로는 낮에는 보이지 않던 것들을 드러내기도 한다. 침엽수의 숲을 조용히 비추는 달과 물고기의 지느러미 같은 별들이 작은 목소리로 밤의 이야기를 들려주었다. 북유럽의 수많은 신화와 전설, 숲의 온기를 품은 북유럽 디자인, 혹은 존재하되 드러내지 말라는 북유럽의 관습법 얀테의 법칙 Jante Law과 어둠을 밝히는 촛불처럼 아늑하고 따스한 휘게 Hygge에 관한 이야기들을, 자연스레 이해하게 되었다. 그런 고독하고 깊은 밤이라면 따스한 햇살을 그리워하는 마리메코가, 자작나무를 닮은 의자가, 하늘을 향해 길게 천창을 낸 도서관이, 숲의 기척이 느껴지는 신비롭고 환상적인 이야기가 태어나지 않을 수 없었던 것이다.

문득 비쳐든 햇살에 나뭇가지가 하얀 눈을 풀썩 떨구자 눈보라가 이는 숲 사이로 요정의 후손들이 분명한 아이들이 길게 야호를 외치며 썰매를 지쳤다. 오래 전에 읽었던 책의 주인공들, 별의 눈동자와 삐삐와 무민과 성냥을 파는 소녀, 병정과 얼음궁전의 여왕의 모습이 하나하나 눈보라 속에 피어올랐다. 순수하고 투명하고, 어딘지 모르게 슬프면서도 따스하고 포근한 꿈같은 이야기들. 숲과 호수, 눈과 오로라, 피오르드와 바다, 그리고 수줍고 때로는 무뚝뚝하지만, 속 깊은 사람들. 그것이 우리가 여행한 북유럽이었다.

불면증을 앓다 국경을 건너는 기차에 올라타야만 꿈을 꿀 수 있는 먼 옛날의 모험가처럼, 차창 밖으로 자작나무의 숲과 그 위로 뜬 카시오페이아와 북두칠성 사이 작은 곰 자리를 올려다보며 몽상의 터널을 지나 환상의 레일을 달려 세 개의 계절과 다섯 번의 숲을 지나. 우리는 각자의 전설을 지니게 된다.

그렇게 당신도, 북유럽에 반했으면 좋겠다.

세계의 끝에 가 닿으려는 것처럼. 가 닿을 수 있기라도 한 것처럼. 도착한 그곳에 기대를 하며 혹은 그것이 어쩌면 이미 내가 알고 있는 사실을 확인하는 것에 불과할지도 모른다는 생각을 하면서도, 우리는 떠난다.

contents

sweden

019 비밀의 정원 로젠달 가든 Rosendals Trädgård
024 레인디어, 요정의 숲 스칸센 Skansen
026 뒤죽박죽 별장 위를 뭉게뭉게 떠다니는 유니바켄 Junibacken
028 슬픈 역사의 기록 바사호 박물관 Vasa Museet
029 푸른 호수 위 대관람차 티볼리 그뢰나 룬드 Tivoli Gröna Lund
030 하얀 눈의 선물 찻잔 기차 Train cafe
035 푸른 섬 위의 미술관 현대미술관 Moderna Museet
039 스웨덴식 결혼식 스톡홀름 시청 Stadshuset
042 콜린 퍼스와 아라비아의 시장 회토리에트 Hötorget
044 따뜻함을 드세요 카이사스 피스크 Kajsas Fisk
045 자연의 소박한 멋을 담은 이리스 한트베르크 Iris Hantverk
046 고양이, 커피와 프린세스케이크 베테카텐 Vete-Katten
048 세모의 광장 세르옐 광장 Sergels torg
048 아름다움을 담아요 그래닛 Granit
049 상상과 기능, 그리고 유머 디자인토르옛 Designtorget
050 우주를 품은 도서관 스톡홀름 시립도서관 Stadsbiblioteket
052 기분 좋은 식당 롤프스 쉑 Rolfs kök
053 뮤즈, 커피 그리고 한 조각의 행운 멜크비스트 카페 Mellqvist Kaffebar
054 수집가의 보물창고 박쿠스 앤티크 Bacchus Antik
055 자기만의 공간 카페 파스칼 cafe pascal
056 dreaming humming birds 스벤스크텐 Svenskt Tenn
058 스웨덴 친구의 취향 박피칸 Bakfickan
058 오래된 좋은 시장 외스테르말름 살루홀 Östermalms Saluhall
059 오늘의 런치, 응원의 생선 요리 베란다 The Veranda
060 Bedtime can be whenever 미스 클라라 MISS CLARA by nobis
064 사르르 녹아드는 기쁨 카페 코크브린켄 Cafe Kåkbrinken
065 요정과 산타, 수록의 시장 크리스마스 마켓 Christmas Market
066 죽음의 상인이 남긴 유언 노벨 박물관 Nobelmuseet
067 엘프와 산타, 겨울 나라의 공주 왕궁 Kungahuset
068 라스무스의 청어 뉴스텍트 스트뢰밍 Nystekt Strömming
069 오래된 식당의 전설 덴 일데네 프레덴 Den Gyldene Freden
071 그 순간, 그리워질 것 같았다 포토그라피스카 Fotografiska
072 한동안, 가만히 드랍 커피 DROP COFFEE
073 전망 좋은 식당 곤돌렌 레스토랑 Eriks Gondolen

074　강을 따라 유쾌한 벼룩시장 혼스툴 마켓 Hornstulls marknad
076　노을이 물드는 언덕 이바르 로스 공원 Ivar Los Park
079　오렌지 향, 바다 맛의 캐러멜 펠란스 Pärlans
080　참을 수 없는 귀여움 미니 로디니 mini rodini
080　천사의 조언 아크네 스튜디오 Acne Studio
081　젤라또의 공원 젤라또 카풋 문디 Gelato Caput Mundi
082　오늘의 런치, 상냥함의 커피 어반델리 Urban Deli Nytorget
084　합리적이고 자연스러운 가게 스톡홀름 스타드미션 Stockholms Stadsmission
085　일찍 일어나는 새의 미트볼 미트볼 포 더 피플 Meatballs for the People
086　스웨디시 매너 그랜파 Grandpa
087　아름다운 서점 콘스트-이그 Konst-ig
088　그날의 예감, 8월의 사과 접시 레트로 이티씨 Retro etc.
089　소녀들은 자라서 칵테일 Coctail
090　창밖은 사과나무 에어비앤비
093　지하철역 Tunnelbana
096　정령의 숲 숲의 화장터 Skogskyrkogården
098　꿈같은 순간 하가 파크 Haga Parken
100　호숫가, 숲속의 방 스톨마스타레가든 호텔 Stallmästaregården Hotel
102　항구의 그릇 가게 구스타프베리 아웃렛 Gustavsberg
106　세 개의 숲과 두 번의 계절 아티펠라그 artipelag
110　여왕의 양, 공평한 햇살 드로트닝홀름 궁전 Drottningholms Slott
112　태양과 여름의 섬 박스홀름 Vaxholm
116　테라스의 런치 비스트로 마가지넷 Bistro Magasinet
117　여름의 카페 헴빅스고즈 카페 Hembygdsgårds Cafe
118　오래된 거리의 소녀들 시그투나 Sigtuna
121　갈색 아줌마의 파이 탄트 브룬 Tant Bruns Kaffestuga
122　메아리의 끝 티레쇠 Tyresö
124　상냥한 낮잠 카페 노트홀멘 Cafe Notholmen

finland

132　Moi, Helsinki! 하카니에미 마켓 Hakaniemen Kauppahalli
134　온기를 담은 한 그릇 수프 가게 soppakeittiö
135　다정한 찻집 cafe parhiala
136　구름이 지나가는 서점 아카데미넨 서점 Akateeminen Kirjakauppa
138　여행하는 이유 카페 알토 cafe aalto
139　도시의 랜드마크 스토크만 백화점 Stockmann
140　핀란드 국민 요정 무민 숍 Moomin Shop
142　저 아래 바다와 시장, 갈매기 우스펜스키 성당 Uspenskin Katedraali

143	아리도록 푸른 헬싱키 대성당 Helsingin Tuomiokirkko
144	중앙역 Rautatieasema
144	에스플라나디 공원 Esplanadi Park
145	바다 옆 시장 카우파토리 Kauppatori
148	자작나무의 방 호텔 헬카 Hotel Helka
150	위로와 안식의 집 템펠리아우키오 교회 Temppeliaukio
152	오로라의 미술관 키아스마 Kiasma
154	빙하, 호수와 자작나무 핀란디아 홀 Finlandia Hall
155	작고 오목한 둥지 캄피 교회 Kamppi Kappeli
156	자작나무 숲을 지나, 호수 시벨리우스 공원 Sibeliuksen puisto
158	너와 함께 걷고 싶어 헬싱키 우체국 Posti Postitalo
159	One chair is enough 아르텍 Artek
160	오래된 초콜릿 과자점 파제르 카페 Fazer cafe
161	노스텔지어의 케이크 에크베르그 카페 Ekberg cafe
162	고민 많은 시장 히에타라하티 마켓 Hietalahden Kirpputori
164	카모메 식당의 휴일 카페 우르슬라 Cafe Ursula
166	디자인 디스트릭트 Design District
	페이퍼숍 Papershop | 요한나 글릭센 Johanna Gullichsen | 카우니스테 kauniste 로칼 LOKAL | 모모노 momono | 오타바 책방 OTAVA kiryakauppa 하겔스탐 헌책방 C.Hagelstam Antikvariaatti | 니데 책방 nide kirjakauppa
174	다정한 시나몬롤 카모메 식당 Ravintola kamome
175	핀란드 숲과 호수의 맛 유리 Juuri
176	레몬색 빛이 스며드는 아침 호텔 인디고 헬싱키 블러바드 Hotel Indigo Helsinki Boulevard
179	인형의 집, 다락방 프리다 마리나 Frida Marina
180	유쾌하고 근사한 반하 카아알 Wanha Kaarle
180	보물을 찾는 가게 키르피스 예이드 Kirppis Jade
181	너에 대해 말하자면 루플라 rupla Kallio
182	날씨의 여신, 길모퉁이 카페 아이피아이 카페 IPI Kulmakuppila
183	Avoid, Bad Life 굿라이프 커피 Good Life Coffee
184	잠깐 빌려 쓴 따뜻한 공간 에어비앤비
187	증기와 열기의 밤 알란 사우나 Arlan Sauna
188	일상과 비일상의 어디쯤 푸 발릴라 Puu Vallila
189	실험적인 닭갈비 켈로할리 Kellohalli
190	그것이, 집 알토 하우스 The Aalto House
194	그리고, 빛 알토 스튜디오 Studio Aalto
196	밝고 사랑스러워 마리메코 아웃렛 Marimekko Herttoniemi Outlet
198	오후 네 시, 반짝이는 기억의 파편 아라비아 팩토리 Arabia Outlet
200	천천히 스미는, 기쁨 누크시오 국립공원 Nuuksio Kansallispuisto

estonia

211 오래된 광장의 법칙 라에코야 광장 Raekoja Plats
212 실연의 묘약 시의회약국 Raeapteek
214 오래된 카페의 우아함 카페 마이아스모크 Kohvik Maiasmokk
215 아주 작고 좁고 붉은 집 오마 아시 Oma Asi
216 유령의 결혼식 라타스카이브 16 Rataskaevu 16
218 붉은 지붕의 도시 파트쿨리 전망대 Patkuli Vaateplatvorm
220 오후의 마지막 햇살이 남아 툼페아 성 Toompea Loss
222 도시의 오랜 주민 알렉산더 네프스키 대성당 Alexander Nevsky Katedraal
224 작은 우체국 툼페아 포스트 오피스 Toompea Post Office
225 오래된 교회의 전설 툼 교회 Toom Kirik
226 그래도 소중한 것이 있어 라마투코이 Raamatukoi
228 리넨에 둘러싸여 보내는 오후 지지 ZIZI
229 그곳은 포근한 것으로 가득하여 에스티 캐시퇴에 코두 Eesti Käsitöö Kodu
230 카타리나 거리 Katariina
231 털장갑과 마트료시카 비루 시장 Viru Turg
232 커튼 사이 떠도는 햇살 가루 릭스웰 올드 타운 호텔 Rixwell Old Town Hotel
234 이른 아침, 고즈넉한 성 올라프 교회 St. Olav's Church
235 뚱뚱이 마가렛 탑 Fat Margaret
236 풍경은 언제나 디푸 투르크 Depoo Turg
240 배고픈 사슴의 식당 낼야네 포더 Näljane Põder
242 오래된 성 밖의 풍경 텔리스키비 Telliskivi loomelinnak
243 Little sunshine bites 에프 훈 F-hoone
244 탈린의 키다리 아저씨 호텔 배런즈 Hotel Barons

norway

255 도시의 첫인상 카를 요한슨 거리 Karl Johansgate
256 속 깊은 건물 오슬로 시청 Rådhuset
258 We are Norway 왕궁 Det Kongelige Slott
260 빵가게의 딸기잼 오펜트 바케리 Åpent Bakeri
262 하얀 빙하 속 아늑한 숲 오페라 하우스 Operaen
264 에스키모 소녀의 위로 아케르 브뤼게 Aker Brygge
266 피오르드의 미술관 아스트루프 펀리 현대미술관 Astrup Fearnley Museet
267 노스탤지어의 서점 노리스 안티크바리아트 Norlis Antikvariat

268 그날의 온도 푸글렌 Fuglen
270 아침 풍경이 스며든 방 스칸딕 오슬로 시티 호텔 Scandic Oslo City Hotel
271 오래된 도시의 식당 레스토랑 바쿠스 Bacchus Spiseri&Vinhus
274 상냥한 빵가게 그드 브로드 Godt Brød
275 커피의 온도, 창밖은 비 팀 웬들보 Tim Wendelboe
276 강을 따라 노르웨이의 고등어 마탈렌 Mathallen
277 유리병 속의 햇살 사탕 레트로 뤼케 Retro Lykke
278 언어를 대신하는 무언가 비르케룬덴 공원 Birkelunden
283 연한 햇살이 웃음소리처럼 콜로니하겐 프롱네르 Kolonihagen Frogner
284 다시, 여행의 아침 사가 호텔 오슬로 센트럴 Saga Hotel Oslo Central
286 멜랑콜리의 맛 뭉크 미술관 Munchmuseet
288 삶이 늘 낭만은 아니더라도 비겔란 공원 Vigelandsparken
292 송네피오르드 Sognefjord
     오슬로에서 뮈르달까지 기차 여행 Oslo - Myrdal | 플롬행 산악 열차
     Myrdal - Flåm | 플롬에서 보낸 하룻밤 Flåm | 피오르드의 바다, 구드방겐
     Flåm - Gudvangen | 구불거리는 산길을 버스로, 보스 Gudvangen - Voss
     피오르드의 끝, 그리고 베르겐 Voss - Bergen
312 엘사와 엘프의 마을 브뤼겐 Bryggen
314 사슴과의 조우 투 쿠커 To Kokker
316 자매의 어묵, 국왕의 단골집 쇠스트레네 하게린 Søstrene Hagelin
317 항구의 작은 시장 어시장 Fisketorget
318 안개가 걷히자 저 아래 플뢰옌 등산 열차 Fløyen
320 기쁨은 불시에 팅 ting
321 아름다운 편집숍 로스트 Røst
322 노르웨이 남자의 과묵함 핑비넨 Pingvinen
323 안개에 관해 말하자면 뎃 릴레 카페 콤파니엣 Det lille kaffe kompaniet
324 비의 거리, 바람의 성 베르겐후스 Bergenhus
326 창밖으로 삼각형 지붕 래디슨 블루 로열 호텔 Radisson Blu Royal Hotel
327 바이킹의 아침 식사 스칸딕 오르넨 Scandic Ørnen
328 호수를 둘러싼 미술관 베르겐 국립미술관 KODE
330 푸르스름한 새벽, 기차역 카페
332 숲과 정령, 바다와 피아노의 집 트롤하우겐 Troldhaugen

denmark

342 모든 여행의 시작과 끝 코펜하겐 중앙역 Copenhagen Central Station
344 그 도시의 각인 티볼리 공원 Tivoli Gardens
348 행복의 광장 코펜하겐 시청 Rådhus
350 걸어도 걸어도 스트뢰에 거리 Strøget

351 모든 행운을 끌어 모은 햇살 로얄 코펜하겐 Royal Copenhagen
352 앨리스의 티타임 블롬스트 BLOMST
354 한낮의 천문학 라운드타워 Rundetårn
356 오래되어 좋은 곳 콘디토리 라 글라세 Konditori La Glace
358 아름다운, 집 헤이하우스 HAY HOUSE
360 북유럽 디자인과의 조우 일룸스 볼리후스 Illums Bolighus
361 레고 모양을 한 행복 레고 스토어 Lego Store
362 비를 좋아하는 호랑이 플라잉타이거 Flying Tiger
363 소녀를 만나러 오세요 이야마 Irma
364 활기찬 도시의 시장 토르브할렌 Torvehallerne
365 반짝반짝 빛나는 왕립도서관 Det Kongelige Bibliotek
366 낯선 도시의 온도 보타닉 가든 Botanical Garden
368 여왕의 말, 샹들리에의 방 크리스티안보르 궁전 Christiansborg Slot
369 다정한 왕의 궁전 로젠보르 궁전 Rosenborg Slot
370 미식의 습도 라디오 Radio
371 여행지의 단골 가게 락케에후세 Lagkagehuset
372 여행자의 아침 호텔 에스피 34 Hotel sp 34
374 슬픈 동화처럼 뉘하운 Nyhavn
376 꼬마 병정의 행진 아말리엔보르 궁전 Amalienborg Kongehuset
378 잘 지내나요 인어공주상 Den Lille Havfrue
380 별 모양의 비밀 카스텔레 요새 Kastellet
382 거장의 발자국 디자인박물관 Designmuseet
384 노르딕 모양의 잠 호텔 알렉산드라 Hotel Alexandra
389 오후 세 시의 카페라테 더 커피 콜렉티브 The Coffee Collective
390 따뜻한 위로 그뢰드 Grød
391 속 깊은 빵집 메이어스베이커리 Meyers Bageri
392 유쾌한 죽음 씨의 묘지 아시스텐스 묘지 Assistens Cemetery
394 시간은 지나고 공간은 그곳에 남아 파테파테 Pate Pate
395 일렁이는 작은 마음 센트럴 호텔 앤 카페 Central Hotel & Café
396 우리의 부다페스트 호텔 메르큐르호텔 Mercur Hotel
398 햇살이 가득한 집 핀 율 하우스 Finn Juhl's Hus
402 하루분의 여행 루이지애나미술관 Louisiana

after trip 여행지의 추억을 담은 선물 406
stay   각 도시 별 추천 호텔 & 호스텔 412

sweden

finland

estonia

norway

denmark

map

stockholm

시그투나
-탄트 브룬

● 스톡홀름 시립도
● 롤프스 쉑
● 카페 파스칼
● 바쿠스 앤티크

●멜크비스트 카페

이리스 한트베르트 ● 디
베테카텐

🚌 스톡홀름 중앙역

스톡홀름 시청 ●

● 이
드랍커피

Södermalm

하가 공원
스톨마스타레가든 호텔

박스홀름
- 헴빅스고즈 카페
- 카페 마가지넷

그래닛
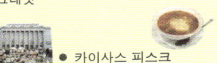 ● 카이사스 피스크

● 외스테르말름 살루홀

● 스벤스크 텐

토리예트

● NK 백화점

세르옐 광장

● 박피칸

 ● 유니바켄

● 그랜드호텔 베란다

● 바사호 박물관

스칸센

● 왕궁
Skeppsholmen
Djurgården

● 노벨 박물관
● 대광장
● 현대미술관
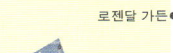
로젠달 가든 ●

Gamla Stan

● 카페 코크브린켄
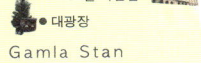
● 덴 일데네 프레덴
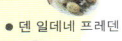
● 뉴스텍트 스트뢰밍

● 티볼리 그뢰나 룬드

● 곤돌렌 레스토랑

포토그라피스카

 레트로 이티씨
● 미트볼 포 더 피플
 ● 젤라또 카룻 문디, 아크네 스튜디오, 미니로디니
콘스트-이그 ● 펠란스
● 칵테일   Sofo
 ● 그랜파
● 스톡홀름 스타드미션
● 어반델리

구스타프베리 아웃렛
아티펠라그
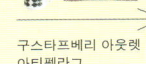

티레쇠
카페 노트홀멘

의 화장터 ↓

travel information

*국가 정보

국명 스웨덴 왕국 Kingdom of Sweden, Sverige
수도 스톡홀름 Stockholm
언어 스웨덴어
면적 450,295㎢
인구 약 1천만 명
통화 스웨덴 크로나(SEK)
시차 4월~10월은 7시간, 11월~3월은 8시간 한국보다 느리다.
비자 무비자로 90일간 체류 가능(쉥겐 조약 가맹국)

*날씨

눈과 추위가 이어지는 겨울이 길고 나머지 계절은 짧다. 6월~7월에는 밤늦게까지 해가 지지 않는 백야가, 한겨울에는 오후 두세 시면 해가 지는 극야 현상이 있다. 여행에 좋은 시기는 6월~9월, 해가 길고 날씨가 화창하다. 한여름에도 한국보다는 온도가 약간 낮은 편이고 아침저녁으로는 선선해서 긴팔 옷이나 겉옷을 챙겨가는 것이 좋다. 북부 지방에서 오로라를 볼 수 있는 적기는 1월~3월이다.

*스웨덴까지 항공편

한국에서 스웨덴까지 직항은 없고 경유해야 한다. 최단 비행시간은 약 12시간 30분

*아를란다 공항에서 시내 이동

아를란다 익스프레스 Arlanda Express
요금은 좀 비싸지만 시내까지 가장 빠르게 이동할 수 있다.
time table 공항→중앙역 4:50~1:5, 중앙역→공항 4:20~24:35(10~15분 간격)
time 약 20분 소요
cost 26세 이상 299SEK, 18세~25세·학생 165SEK, 17세 이하 무료
web www.arlandaexpress.com

버스 Flygbussarna
저렴하고 편리하게 이동할 수 있다. 버스 터미널 3번 승차장에서 탑승한다.
time table 공항→시내 24시간, 시내→공항 3:45~22

time 약 45분 소요
cost 어른 119SEK(온라인 구매 99SEK), 16세~25세 99SEK (온라인 구매 89SEK), 15세 이하 무료
web www.flygbussarna.com

<u>택시 Taxi</u>
스웨덴의 택시 요금은 비싼 편이지만 인원이 두 명 이상일 때 이용하면 좋다. 일반 택시 외에도 우버 택시를 이용할 수 있다. 공항-시내 간 요금은 정해져있다(택시 회사마다 약간 차이가 있다). 공항 택시 승강장에서 탑승하거나 전화나 웹페이지에서 예약도 가능하다.
time 약 40분 소요
cost 470SEK~650SEK

*시내 교통

대중교통 수단은 지하철과 버스, 트램, 배 등이 있다. 1회 티켓보다는 1일, 3일권 등의 정액권과 교통카드(Access 카드)를 이용하면 좀더 저렴하다. 정액권 구매시 정해진 시간 내에 모든 교통 수단을 자유롭게 이용할 수 있다. 티켓은 지하철역 내 교통 안내소와 자동판매기, 편의점 등에서 구입할 수 있다. 1회권은 지하철 개찰구 직원이나 운전사에게 제시하면 스탬프를 찍어준다. 스탬프에 찍힌 날짜와 시간이 시간 계산의 기준이 된다. 24시간 이상 사용 가능한 종이 티켓은 지하철 출입구와 버스 내에 있는 센서에 접촉시키면 시간 계산이 된다.
1회권 : 45SEK(자판기 구입 시), 64SEK(창구 구입 시)
24시간권 : 130SEK
72시간권 : 260SEK
7일권 : 335SEK
Access 카드 : 편의점과 교통 안내소에서 카드를 20SEK에 구입한 뒤 금액을 충전해서 쓰면 된다. 최소 충전 금액은 100SEK

*휴대폰 유심 카드 구입
콤빅크Comviq, 트레Tre, 텔리아Telia 등의 유심 카드를 편의점에서 구입할 수 있다. 유심 카드를 구입하고 이용 기간과 용량 등의 조건이 다양한 요금제 중 하나를 선택해 별도 구매해야 한다.

*환전
한국에서 스웨덴 크로나로 환전하고 신용카드를 함께 이용한다. 택시부터 마트, 작은 식당까지 카드로 계산 가능하고 오히려 현금은 받지 않고 카드로만 계산 가능한 매장이 많다.

유르고르덴

Djurgården

은빛 비늘을 가진 물고기들이 뱃전을 간질이고 에메랄드 빛의 물이 끝도 없이 어디론가 흘러가는 섬에서의 하루가 있었다. 하얗게 나부끼는 자작나무 사이로 부드럽게 불어오는 바람의 방향으로 몸을 맡긴 채, 목적도 없이 서두를 것 없는 길을 걷는다. 깊은 그늘을 드리운 숲 속, 풀을 뜯던 사슴은 이미 초록 너머로 사라졌다. 귀를 기울이면 숨죽여 뒤따르는 요정의 기척이 희미하게 느껴졌다. 그곳은 동화와 마법과 꿈과 상상이 뒤섞인 신비롭고 아름다운 정원, 비밀의 숲이었다. '동물 정원'이라는 이름을 가진 섬은 오래 전 스웨덴 왕실의 사냥터였다.

비밀의 정원

그곳엔 색도 밀도도 다른 햇살이 가득했다.

여름 햇살이 눈부신 정원에서 꽃을 한아름 꺾어 집으로 돌아오던 날은 사람들 모두 미소를 띠고 살짝 바라보는 것을 느꼈다. 푸른 사과는 하루하루 크고 붉게 익어가다 마침내 수확되어 바구니 가득 담겼다. 아삭, 하고 베어 물자 달콤한 즙이 입 안 가득 퍼졌다.

정원의 꽃으로 장식한 케이크와 신선한 재료로 만든 샌드위치가 가득 놓여 있는 테이블, 요리에 들어간 재료와 요리법을 상냥하게 설명해주던 직원, 초록 식물이 품어내는 신선한 기운과 향긋한 커피 냄새, 자리를 나누어 앉아 햇살을 즐기는 유리 안의 식당. 재료의 맛이 생생하게 느껴지는 음식을 햇살 좋은 정원에서 먹는다. 공기에서 좋은 냄새가 난다. 모든 것이 완벽하게 마음에 들던 정원의 하루.

벌판 가득 추수를 감사하는 축제가 열리자 정원은 빠르게 고운 색으로 물들었고 유리 온실 안의 햇살이 더욱 소중해졌다. 수프가 맛있어지는 계절이 되었다. 어느 날 아침 창틈으로 밀려든 파르스름한 공기의 냄새를 맡았을 때, 오늘은 꼭 그곳에 가야 한다는 생각이 들었다. 하얀 눈으로 덮인 고요한 숲과 정원을 걸어 유리의 집 안으로 들어가자 훈훈한 온기가 뺨을 어루만져주었다. 세 계절을 아름다운 정원에서 보냈다. 다시 스웨덴에 간다면 맨 먼저 달려갈 곳은 틀림없이 로젠달 가든일 것이다.

로젠달 가든
Rosendals
Trädgård

WAY 쿵스트레고르덴Kungsträdgården역에서 7번 트램으로 로젠달 가든 역
ADD Rosendalsterrassen 12
TEL +46 8 545 812 70
OPEN 4월~9월 11~17, 10월~3월 11~16
CLOSE 12월 말~1월 초
WEB www.rosendalstradgard.se
*로젠달 가든의 카페와 모든 매장은 현금 대신 신용카드로만 결제가 가능하다.

레인디어, 요정의 숲

햇살 좋은 날, 유모차와 아이들의 웃음소리 가득한 트램을 타고 스칸센에 갔다. 스칸센은 1891년 세워진 세계 최초이자 최대 규모의 야외 박물관으로, 민속학자 아르투르 하젤리우스Artur Hazelius가 스웨덴 전역에서 옮겨온 전통 가옥 150여 채를 너른 숲과 정원에 17~19세기 생활 모습 그대로 재현해 놓았다. 공방에서는 망치 소리가 울리고 빵집 굴뚝에서 연기가 솟아난다. 고소한 냄새에 끌려 들어간 가게의 주인은 동화 속 장난꾸러기들을 쫓아가는 빵집 아저씨를 꼭 닮았다. 갓 구운 빵을 오리가 헤엄치는 연못가에서 먹었다. 그러고는 순록과 무스를 보러 갈 셈이다. 아직 보지 못한 숲 어딘가 요정도 분명 있을 것이다.

스칸센
Skansen

- WAY 쿵스트레고르덴Kungsträdgården역에서 7번 트램으로 스칸센 정문
- ADD Djurgårdsslätten 49-51
- TEL +46 8 442 8200
- OPEN 10~18, 여름 10~20
- FEE 어른 140SEK, 학생 120SEK
  어린이(4~15세) 60SEK
  주말과 여름에는 요금이 다르니 홈페이지 참고
- WEB www.skansen.se

뒤죽박죽 별장 위를 뭉게뭉게 떠다니는

주근깨투성이에 빨간 머리, 짝짝이 스타킹에 큼직한 구두를 신고 원숭이 닐슨 씨와 뒤죽박죽 별장에 사는 삐삐로타 델리카테사 윈도세이드 맥크렐민트 에프레임즈 도우터 롱스타킹, 줄여서 삐삐. 어릴 적 우리 자매들의 롤모델이자 전세계 어린이들의 워너비스타, 삐삐는 스웨덴의 작가 아스트리드 린드그렌Astrid Lindgren의 동화 주인공이다. 어느 날 폐렴에 걸려 침대에 누워있던 딸이 삐삐 롱스타킹 이야기를 해달라고 하자 린드그렌은 삐삐가 누구냐고 묻는 대신 이야기를 지어 들려줬다고 한다. 그렇게 우연히 쓰인 동화는 아이들에게 몹시 유해하다는 이유로 여러 출판사에서 거절됐지만 우여곡절 끝에 출간되자마자 폭발적인 인기를 끌었다. 유니바켄은 린드그렌을 기리기 위한 기념관이지만 린드그렌의 바람대로 아이들이 마음껏 뛰어놀고 즐기는 놀이공원으로 만들어졌다. 하늘을 나는 기차가 운영된다기에 어린이들 사이에 끼어 신나게 올라탔다. 기차를 타면 삐삐와 에밀, 미오, 산적의 딸 로냐, 지붕 위의 카알손 등 린드그렌의 동화와 소설 낭독을 들으며 주인공들을 만날 수 있는데, 처음에는 오오, 신나! 하다가 마지막에 사자왕 형제 칼과 요나탄을 만나고는 펑펑 울어버렸다. 린드그렌은 아동의 인권 및 사회문제 개혁에도 기여한 바가 크다. 20크로나 화폐에 린드그렌의 얼굴이 실려 있다. 물론 삐삐도 함께다.

유니바켄
Junibacken

WAY 쿵스트레고르덴Kungsträdgården역에서 7번 트램 유니바켄 역
ADD Galärvarvsvägen 8
TEL +46 8 587 230 00
OPEN 10~17
FEE 어른 185SEK, 어린이(2~15세) 155SEK
WEB www.junibacken.se

슬픈 역사의 기록

1628년 구스타프 2세의 명으로 해양 강국의 면모를 뽐내기 위해 건조한 전함 바사Vasa호는 첫 항해에 나서자마자 수많은 환송 인파의 눈앞에서 침몰하고 만다. 침몰 이유는 과시용으로 너무 많은 포를 실어 무게를 지탱하지 못해서라고도 하고, 구스타프 국왕이 정치적 이유로 너무 급히 배를 완성시키라고 지시한 때문이라고도 한다. 그로부터 300여 년 후 1961년 인양된 바사호는 보존 작업 끝에 박물관에 전시되고 있다. 입장 인원이 한정되어 있어 여름 성수기에는 줄을 서서 기다려야 하는 경우도 있다.

바사호 박물관
Vasa Museet

- WAY 쿵스트레고르덴Kungsträdgården역에서 7번 트램
- ADD Galärvarvsvägen 14
- TEL +46 8 5195 4800
- OPEN 6월~8월 8:30~18, 9월~5월 10~17(수요일 10~20)
- FEE 150SEK, 18세 이하 무료
- WEB www.vasamuseet.se

푸른 호수 위 대관람차

코펜하겐의 티볼리를 본떠서 만들어진 놀이공원. 멀리서도 비명과 흥겨운 음악 소리가 들려와 두근거리게 한다. 야외무대에서는 유명 아티스트들의 공연이 열리기도 해서 저녁이면 공연을 즐기려는 어른들이 줄을 잇는다. 대관람차가 돌아가는 풍경은 스톡홀름 시내 어디에서나 보이는 아름다운 랜드마크가 된다.

- WAY 쿵스트레고르덴Kungsträdgården역에서 7번 트램
- ADD Lilla Allmänna Gränd 9
- TEL +46 10 708 9100
- OPEN 10~23, 6월~8월 여름철에는 매일 개장, 4월·5월·9월은 부정기 개장하니 홈페이지에서 확인한 뒤 방문해야 한다.
- CLOSE 10월~3월
- FEE 7~64세 120SEK, 입장 후 놀이기구 티켓은 별도 구매
- WEB www.gronalund.com

티볼리 그뢰나 룬드
Tivoli Gröna Lund

하얀 눈의 선물

이따금 보이던 기차의 정체가 늘 궁금했다. 찻잔을 얹은 두량짜리 미니 기차는 홀연히 나타났다 사라지곤 했다. 스웨덴에서의 마지막 날, 눈이 펑펑 내리는 거리에 거짓말처럼 눈앞에 기차가 스르르 멈춰 섰다. 크리스마스트리 밑에서 선물을 발견한 아이처럼 기뻐서 기차에 올라탔다. 자리를 잡고 앉자 예쁜 앞치마를 한 직원이 다가와 커피 드릴까요? 하고 물었다. 네네, 카네불레도 주세요. 물론이지, 라는 듯한 작은 미소가 돌아왔다. 하얗게 날리는 눈 사이로 기차가 달리기 시작했다. 쿵스트레고르덴 거리를 지나 다리를 건너 유르고르덴 섬을 한 바퀴 돌아 기차는 여전히 달린다.

-조금 더 탈까?
-응, 눈이 그칠 때까지.

기차는 다시 달리기 시작한다.
하얀 눈송이가 차창을 부드럽게 두드린다. 창밖은 동화의 세상이다. 그것은 스웨덴이 우리에게 준 다정한 선물.

찻잔 기차
Train Cafe

WAY 쿵스트레고르덴 Kungsträdgården 역 부근
7번 트램 역에서 승차
OPEN 여름에 운행, 겨울에는 부정기적으로 운행
FEE 기차 티켓 64SEK, 학생 42SEK
음료와 빵 값은 별도(음료 25~30SEK)
WEB www.djurgardslinjen.se

셉스홀멘

Skeppsholmen

호수와 바다로 둘러싸인 섬이 이어진 스톡홀름은 '북유럽의 베니스'라고 불린다. 섬과 섬 사이는 배가 규칙적으로 운행되며 다리로 연결되어 있어 버스나 트램으로도 오갈 수 있다. 셉스홀멘에 갈 때면 늘 부러 근처 역에서 내려 바다를 따라 걸었다. 왕관 다리를 지나 섬으로 들어가는 기분이 근사했기 때문이다. 다리를 건너면 아름다운 미술관이 나온다.

푸른 섬 위의 미술관

왕관 다리를 건너 완만한 언덕길을 오르면 오늘의 목적지가 나오지만 대신 푸른 물을 따라 걷는다. 목적도 계획도 없이 걸음은 할랑하고 숨은 가지런 해진다. 섬은 언제 거닐어도 좋다. 섬 안 호텔에 방을 잡고 아침저녁으로 산책하고 무료라서 더욱 흡족한 미술관에 들러 좋아하는 마티스와 피카소의 그림을 찬찬히 보고 흥미로웠던 필름도 다시 한 번 보다가 다리가 아프면 소파에 앉아 창 너머로 푸른 바다를 바라보다 배가 고프면 호수 건너 유르고르덴 섬이 한눈에 보이는 2층 근사한 카페에서 푸짐하고 맛좋은 런치 뷔페를 먹어야지, 하는 여행을 궁리해보지만. 아아, 실은 이곳은 여행보다는 살고 싶어지는 곳. 바람이 등을 가만히 밀어주는 언덕에 바람과 새를 닮은 조형물이 부드럽게 춤을 추듯 움직인다. 칼더Alexander Stirling Calder의 '원소들' 모빌 아래로 푸른 잔디 위에 아름답고 생명력 넘치는 니키 드 생 팔Niki De Saint Phalle의 조각이 꽃처럼 서있다.

현대미술관
Moderna Museet

- WAY 센트럴에서 65번 버스 Moderna Museet 앞
- ADD Exercisplan 4
- TEL +46 8 5202 3500
- OPEN 화·금 10~20, 수·목 10~18, 토·일 11~18
- CLOSE 월요일
- FEE 입장료 무료, 특별전 별도 티켓 구매
- WEB www.modernamuseet.se

도심

Central

우리나라로 치면 시청에서 종로와 명동을 잇는 거리에 해당하는 노르말름과 쿵스가탄, 외스테르말름을 잇는 도심은 중앙역과 세르겔 광장을 중심으로 사무실과 현대적인 쇼핑센터와 숍과 식당들이 밀집해 있어 늘 활기를 띤다. 시청과 국회의사당, 교회와 성당 등, 역사적인 건물도 함께 있어 관광객 역시 많이 찾는 곳이다.

스웨덴식 결혼식

서울 시청 한번 안 가봤는데 입장료까지 내고 가야 하나 했지만 다들 간다니 가보았다, 스톡홀름 시청. 그런데 이게 의외로 흥미로웠습니다.
1923년 완공된 스톡홀름 시청은 세계에서 가장 아름다운 시청 건물로 손꼽히는데 매년 12월 노벨상 시상식 축하 만찬이 열리는 것으로도 유명하다. 정해진 시간에 여럿이 그룹을 지어 청사 내부를 둘러보게 되는데, 이름이 무색하게 붉은 벽돌로 지어진 블루홀은 햇살에 비친 붉은 벽이 문득 아름다워 보여서 건축가가 푸른색을 칠하려던 계획을 취소했기 때문이고 골든홀 벽에 그려진 수호성인의 목이 없는 것은 아차차, 설계상의 실수였다던가 하는 등을 조곤조곤하게 설명하던 가이드가 엉망진창이죠, 하고 말해 국적 다른 관광객 모두 와하하 웃었다. 비용만 지불하면 골든홀을 빌려 파티를 열 수 있다는 설명에 나도 모르게 얼마면 되냐고 손 번쩍 들고 질문해 가이드를 당황시켰다. 평소 소심한 저답지 않은 일이라 스스로도 박력에 놀라버렸습니다. 이왕 여기까지 왔는데 하며 전망대가 있는 탑에도 올랐다. 이게 또 웬일인지 몹시 아름다웠습니다.

스톡홀름 시청
Stadshuset

매주 토요일, 시청은 시민들의 결혼식장으로 쓰인다. 스웨덴은 오랫동안 동거하다 결혼하는 경우가 많기 때문에 애 두셋쯤 데리고 결혼식장에 들어가는 건 흔한 풍경이다. 예식 시간은 길어야 3분, 시청 앞 광장에서 푸른 물을 배경으로 기념 사진 한 장 찍고 집에서 싸온 샌드위치와 샴페인으로 축하한다.

- WAY 중앙역에서 도보 10분
- ADD Hantverkargatan 1
- TEL +46 8 508 290 00
- OPEN *시청사 영어 가이드 투어 10~15(1시간 간격)
  *전망대 6월~8월 9:10~17:10,
  5월·9월 9:10~15:50(40분 간격)
- CLOSE 전망대 10월~4월
- FEE *시청사 가이드 투어 - 4월~10월 어른 120SEK
  학생·65세 이상 100SEK, 7~19세(보호자 동반시) 40SEK
  11월~3월 어른 90SEK, 학생·65세 이상 80SEK,
  7~19세(보호자 동반시) 40SEK
  *전망대 - 50SEK, 11세 이하 무료
- WEB international.stockholm.se

콜린 퍼스와 아라비아의 시장

일요일이면 회토리예트 광장에 벼룩시장이 열린다. 오래된 그림엽서를 구경하고 있자 20년쯤 뒤의 콜린 퍼스같이 생긴 주인 할아버지가 이 엽서들은 깎아줄 수 있지만 이건 안 돼, 하며 짜잔~ 하고 따로 앨범에 가지런히 정리된 비장의 컬렉션을 보여준다. 결국 계획에 없는 쇼핑을 하게 된다. 언제 살았는지, 누군지도 모를 사람의 글씨가 적힌 엽서를 산다. 한 줄도 제대로 읽지 못하지만 이렇게 예쁜 엽서에 쓴 것이라면 분명 다정한 내용일 거라고 생각한다. 시장에서 역시 최고 인기는 구스타프베리와 아라비아의 그릇. 평일에는 광장에 채소와 과일, 꽃을 파는 노점상이 들어선다. 파장 무렵에 갔더니 곳곳에 할바, 할바 하고 세일을 외치는 소리가 요란했다. 광장을 내려다보고 있는 푸른색 건물은 매년 노벨상 시상식이 열리는 콘서트홀이다.

회 토 리 에 트 ^{W A Y} 17번·18번·19번 지하철 Hötorget역
Hötorget

따뜻함을 드세요

손끝이 싸늘해지는 날이면 보글보글 끓인 김치찌개나 대구탕 한 그릇이 생각나듯, 스웨덴의 늦은 가을을 여행하는 동안 공기가 차가워지자 뜨거운 수프 한 그릇이 간절해졌다. 회토리예트 광장 옆 푸드 마켓 지하에 맛있는 수프 가게가 있다. 부드러운 버터 한 덩이를 올린 칼칼한 수프 한 그릇에 몸과 마음이 훈훈해진다.

카이사스
피스크
Kajsas Fisk

WAY 회토리예트 광장
ADD Hötorgshallen 3
TEL +46 8 20 7262
OPEN 월~목 11~18, 금 11~19, 토 11~16
CLOSE 일요일
WEB kajsasfisk.se

자연의 소박한 멋을 담은

내게는 생김새는 소박하지만 손에 착 감기고 모질이 부드러운 세면용 브러시가 하나 있다. 브러시의 털이 빠지거나 닳는 기색도 없어 이러다 평생 쓰는 게 아냐, 하는 생각이 들 정도다. 이리스 한트베르크의 제품이다. Iris는 '눈', Hantverk는 '공예'라는 뜻으로, 1890년대 시각 장애를 가진 장인들을 장려하기 위해 만든 것이 브랜드의 시작이었다고 한다. 나무를 하나하나 손으로 깎고 다듬어 천연모를 세심하게 엮어 브러시를 만들던 방식은 백 년 넘은 지금까지 그대로 이어져 오며 여기에 젊은 디자이너들의 감각을 더해 실용적이고 견고한 제품을 만들고 있다. 쿵스가탄에 있는 널찍한 매장에서는 청소용 제품부터 주방과 욕실용 제품까지 다양한 브러시와 잡화를 판매한다.

이리스 한트베르크
Iris Hantverk

WAY 회토리예트 역에서 도보 5분
ADD Kungsgatan 55
TEL +46 8 21 4726
OPEN 월~금 10~18, 토 10~15
CLOSE 일요일
WEB www.irishantverk.se

고양이, 커피와 프린세스케이크

그러니까 우리나라로 치면 명동 한복판에 백 년 된 카페가 여전히 시민들의 사랑을 받으며 굳건히 자리 잡고 있는 것이다. 좋아했던 작고 아담한 가게들이 건물주나 거대자본의 횡포로 문 닫는 것을 종종 봐왔던 나는 백 년 정도 운영된 가게쯤은 차고 넘치는 이 도시가 부러웠다. Vete-Katten은 1928년에 작은 빵집에서 시작된 카페로, 제빵사가 -그런데 우리 가게 이름이 뭐죠? 하고 묻자 주인이 -글쎄, Vete Katten 이라고 대답한 데서 이름 붙여졌다고 한다. 고양이나 알까, 가 그 뜻이다. 우리는 늘 먹던 걸로 - 프린세스케이크와 카네불레를 커피와 주문했다. 스톡홀름에 단골 카페가 하나 있다고, 그리고 그곳은 다시 찾아도 변함없이 그 자리에 있을 거라고 생각하면 어쩐지 안도감이 든다.

베테카텐
Vete-Katten

W A Y   회토리예트 역에서 도보 5분
A D D   Kungsgatan 55
T E L   +46 8 20 8405
O P E N   월~금 7:30~20, 토·일 9:30~19
W E B   vetekatten.se

세모의 광장
세르옐 광장 Sergels torg

중앙역 바로 앞 세르옐 광장은 늘 북적인다. 광장을 둘러싸고 디자인숍과 마트, 식당들이 밀집해있고 NK 백화점, 올렌스 백화점, 갈레리안 쇼핑몰 등이 이어진다.

아름다움을 담아요

높은 스웨덴 물가에서 숨통 트이는 곳이 몇 군데 있는데 그래닛이 그중 한 곳이다. '실용적인 기능, 심플한 형태, 합리적인 가격과 품질'을 슬로건으로 하는 그래닛은 집과 오피스, 어디에나 어울리는 간결하고도 기능적인 수납용품과 잡화를 판매한다. 화이트와 그레이, 블랙의 모노톤의 우드와 스틸 소재 제품은 효율과 함께 아름다운 수납을 보여준다. 수납용품 외에도 옷과 패브릭, 침구, 주방용품과 인테리어 잡화, 바디제품, 문구류 등의 제품이 다양해 사두면 긴요하게 쓸 만한 물건들이 많아 아마도 내가 스톡홀름에 살았다면 우리 집을 그래닛 제품으로 채웠을 것 같다.

그래닛 Granit

- WAY 회토리에트 역에서 도보 5분
- ADD Kungsgatan 42
- TEL +46 8 21 9285
- OPEN 월~토 10~19, 일 10~17
- WEB www.granit.com

상상과 기능, 그리고 유머

'디자인광장'이라는 의미의 디자인토르옛은 'New, handpicked items, Every week'라는 슬로건 아래 디자이너의 제품을 매주 새롭게 셀렉해 판매한다. 제품 회전률이 빠르기 때문에 스웨덴 디자인 트렌드를 한눈에 살펴볼 수 있는 곳이다. 스웨덴 디자인학교 학생들의 작품을 진열하고 판매하며 시작된 숍은 스톡홀름 시내 곳곳과 스웨덴 전역, 노르웨이에까지 지점을 냈는데 우리는 주로 쿵스가탄에 있는 아담한 숍에 자주 들렀다. 독창적이면서도 기능적인데다가 유머러스한 제품들이 가득한 이곳에서는 지갑을 열지 않을 수 없다.

디자인토르옛
Designtorget

- WAY 회토리예트 역에서 도보 5분
- ADD Kungsgatan 52
- TEL +46 8 662 3515
- OPEN 월~금 10~19, 토 10~18, 일 10:30~17
- WEB www.designtorget.se

우주를 품은 도서관

원통형의 건물을 향해 계단을 올라 좁고 어둑한 입구를 통과한 순간 빛이 쏟아져 내렸다. 가만히 몸이 떨려왔다. 마치 우주 한복판에 서있는 기분이었다. 나를 둘러싸고 인류의 지혜와 역사와 비밀을 담은 책들이 신비로운 별처럼 공전하고 있었다. 이곳은 책을 위한 신전, 그리고 우주를 품은 곳이다. 내 앞에 펼쳐져 있는 미지의 세계를, 조용히 들여다보고 싶어진다.

이 아름다운 도서관은 에리크 군나르 아스플룬드Erik Gunnar Asplund의 설계로 1928년 완성됐다. 그는 '도서관은 책과 사람이 만나는 곳'이라고 했다. 단순하지만 이것이야말로 도서관이 지녀야할 본연의 기능을 정확하게 정의한 말이 아닐까. 도서관은 그런 세심한 배려로 넘친다. 특히 눈길을 끄는 곳은 1층 어린이 도서관에 마련된 동화책 읽어 주는 방이었다. 안데르센의 동화 <올레 루코이에>의 '잠의 요정'이 그려진 어둑하고 아늑한 동굴 같은 방에 둥글게 둘러앉거나 누워서, 아이들은 이야기를 들으며 어룽어룽 신비로운 몽상의 세계로 들어간다.

스톡홀름
시립도서관
Stadsbiblioteket

W A Y 17번·18번·19번 지하철로 Odenplan역 도보 5분
A D D Sveavägen 73
T E L +46 8 5083 1210
O P E N 월~목 10~21, 금 10~19, 토·일 11~17
7월·8월 월~금 10~19, 토 12~16
(오픈 시간이 종종 변경되니 홈페이지에서 확인)
C L O S E 7월·8월의 첫째 주 일요일
W E B biblioteket.stockholm.se

기분 좋은 식당

스웨덴의 식당 대부분은 점심과 저녁 가격 차이가 큰 편이라 가고 싶었던 식당은 런치 메뉴를 이용하곤 했다. 합리적인 가격으로 식당의 특성을 잘 살린 런치 메뉴를 선보이는 괜찮은 식당이 꽤 있다. 롤프스 쉑Rolfs kök은 셰프 Rolf Nilsson이 1989년에 그 당시로는 파격적인 오픈 주방과 인더스트리얼한 인테리어로 문을 열어 센세이션을 일으킨 이래(볼트로 장식한 콘크리트 벽은 지금까지 그대로 남아있어 양념통과 옷을 걸어놓는 용도로 사용되고 있다) 현지인들에게 꾸준히 사랑받아 온 곳이다. 2003년 셰프 Johan Jureskog이 인수하여 미슐랭에 선정되기도 했다. Johan Jureskog은 스톡홀름 최고의 스테이크집이라 꼽히는 Restaurang AG와 햄버거전문점 Jureskog 등을 운영하는 인기 셰프다. 매일 바뀌는 '오늘의 런치' 두 종류가 준비되는데 우리가 식당을 찾은 날은 감자를 곁들인 비프스테이크와 농어요리. 꼬치에 꽂아낸 식전 빵과 따뜻한 버섯수프가 먼저 나왔다. 요리는 입에 착 감기었고, 직원들이 무척 친절했다. 식당은 늘 만원이라 예약은 필수, 인터넷 사이트로 예약할 수 있다.

롤프스 쉑
Rolfs kök

WAY 17번·18번·19번 지하철로 Rådmansgatan역 도보 3분
ADD Tegnérgatan 41
TEL +46 810 1696
OPEN 월~금 11:30~새벽 1시, 토·일 17~새벽 1시
WEB rolfskok.se

뮤즈, 커피 그리고 한 조각의 행운

작가들의 뮤즈는 카페에 있는지도 모르겠다. 필요한 건 단지 '겉장이 파란 공책 한 권, 연필 두 자루와 연필깎이, 대리석 상판 테이블, 코끝을 간질이는 커피 향, 이른 아침 카페 안팎을 쓸고 닦는 세제 냄새, 그리고 행운'뿐이었던 젊은 날의 헤밍웨이에게는 파리의 카페드플로르가 있었고, 그 옆 레뒤마고에서는 시몬느 드 보부아르가 날렵한 펜대를 굴리고 있었다. 에든버러에 조앤롤링이 <해리포터>를 쓴 더엘리펀트하우스 카페가 있다면 스톡홀름에는 <밀레니엄>의 작가 스티그 라르손의 멜크비스트 카페가 있다. 손님이 가득찬 카페에서 가까스로 구석 자리를 찾아 앉는다. 아무도 탐내지 않는 이 구석 자리쯤이 아니었을까. 희미한 불빛 아래 노트북 자판을 두드리고 있었을 작가의 모습을 그려본다. 소설은 세계적으로 큰 인기를 모으며 영화로도 제작되었지만 스티그 라르손은 소설 출간을 보지 못하고 갑자기 세상을 떠났다. 카페는 여전히 인기다.

멜크비스트 카페
Mellqvist
Kaffebar

WAY 17번·18번·19번 지하철 St.Eriksplan역 도보 1분
ADD Rörstrandsgatan 4
TEL +46 8 30 2380
OPEN 월~목 6~21, 금·일 6~19, 토 6~18

수집가의 보물창고

지하철역 오덴플란Odenplan에서 우플란스가탄Upplandsgatan까지 거리에는 크고 작은 앤티크숍이 이어져 있다. 우플란스가탄에서 가장 규모가 큰 박쿠스 앤티크는 그릇과 조명을 파는 곳과 가구를 주로 파는 곳으로 매장이 나뉘어 있다. 그릇을 좋아하는 사람에게 이곳은 그야말로 보물창고 같은 곳이다. 나는 예쁜 그릇에 목숨 거는 타입도 아니고 심지어 무소유를 실천하려 무지 애쓰는데도 구스타프베리의 오리지널 제품과 캐서린 홀름의 빈티지 냄비와 피기오의 데이지 접시 앞에서는 슬며시 무릎을 꿇고 싶어졌다.

박쿠스 앤티크
Bacchus Antik

- WAY 17번·18번·19번 지하철 오덴플란 Odenplan역에서 도보 4분
- ADD Upplandsgatan 46
- TEL +46 8 30 54 80
- OPEN 월~금 12~18, 토 11~16
- CLOSE 일요일
- WEB www.bacchusantik.com

자기만의 공간

앤티크 거리에서 겪은 수많은 갈등과 번민이 부른 것은 카페인과 달달한 디저트. 마침 근처에 좋은 카페가 있다. 맛있는 커피와 커피에 어울리는 디저트 한두 가지, 적당한 스페이스와 적절한 온도를 지닌 분위기. 이것이 내가 좋아하는 카페의 공통점이다. 하지만 가장 중요한 것은 자기만의 공간을 가질 수 있어야 한다는 것. 카페 파스칼에는 유모차를 밀고 온 라떼파파와 담소를 나누는 사람들과 혼자 작업에 몰두하거나 책을 읽는 사람들이 각자의 공간을 즐기고 있었다. 그게 좋았다. 그리고 커피와 카네불레가 정말 맛있어서 더 좋았다.

카페 파스칼
cafe pascal

WAY 17번·18번·19번 지하철 오덴플란 Odenplan역에서 도보 3분
ADD Norrtullsgatan 4
TEL +46 8 31 6110
OPEN 월~목 7~19, 금 7~18, 토·일 9~18
WEB cafepascal.se

dreaming humming birds

스벤스크텐
Svenskt
Tenn

WAY 13번·14번 지하철로 Östermalmstorg역 도보 5분
ADD Strandvägen 5
TEL +46 8 670 1600
OPEN 월~금 10~18:30, 토 10~17, 일 11~16
CLOSE 부정기 휴무(홈페이지 참고)
WEB www.svenskttenn.se

스톡홀름에서 만난 사람들에게 좋아하는 디자인 브랜드를 물었을 때 빠지지 않고 나오는 이름이 있었다. 스벤스크텐이었다. '스웨덴의 주석 합금'이라는 뜻의 스벤스크텐은 1924년 주석 합금 디자이너였던 에스트리드 에릭손Estrid Ericson이 만든 브랜드. 오스트리아 디자이너 요제프 프랑크Josef Frank를 영입, 대담하고 화사한 컬러와 자연을 모티브로 한 텍스타일 제품을 선보이며 스웨덴을 대표하는 브랜드로 자리 잡았다.
과연 한숨이 나올 정도로 근사한 곳이었다. 우리는 이상한 나라에 빠져든 앨리스마냥 기묘할 정도로 아름답고 환상적이고 신비로운 것으로 가득차 있는 곳을 누비며 두근거리고 혹은 작은 환호성도 질렀다. 그러다 빛이 은은히 퍼져있는 우아한 티룸에서 향긋한 홍차와 샌드위치와 케이크를 먹었다. 이곳에서 새와 꽃이 그려진 벽지를 샀다. 어떤 방에 바르게 될지 모르지만 그 방에서 자면 분명 아름다운 꿈을 꾸게 될 것 같다.

스웨덴 친구의 취향

스톡홀름에서 알게 된 친구에게 물었다. -미트볼이 스웨덴 대표 음식이라는데 진짜 많이 먹어? -오랜만에 집에 가면 엄마가 해줘. 우리 엄만 뭐랄까, 올드패션드니까. 그런데 젊은 엄마들도 평소에 애들 간식으로 많이 준비해. 냉동 미트볼을 전자레인지에 돌리기만 하면 되거든. 난 별로 안 먹지만. -그래? 그럼 넌 뭘 자주 먹는데? -그게, 그러니까 아마 스시? 웃으면서 그가 식당을 하나 소개시켜 줬다. -박피칸이라고 그 집 미트볼이 괜찮아. 내 입맛에는 흡족했다. 박피칸Bakfickan은 '뒷주머니' 라는 뜻이란다.

박피칸
Bakfickan

- WAY 10번·11번 지하철로 Kungsträdgården역 도보 2분
- ADD Jakobs torg 2-12
- TEL +46 8 676 5809
- OPEN 월~금 11:30~22, 토 12~22, 일 12~17
- WEB www.operakallaren.se

오래된 좋은 시장

실내 마켓인 외스테르말름 살루홀은 1888년에 문을 연 이래, 세련되고 쾌적한 공간에서 질 좋은 식재료와 최고의 셰프들이 내는 요리를 선보이고 있다. 간단한 식사를 할 수 있는 음식점과 카페도 있다.

외스테르말름 살루홀
Östermalms Saluhall

- WAY   13번·14번 지하철로 Östermalmstorg역 바로 앞
- ADD   Östermalmstorg
- OPEN 월~토 9:30~23
- CLOSE 일요일
- WEB   www.ostermalmshallen.se

오늘의 런치, 응원의 생선 요리

노벨상 수상자들이 묵는 것으로 유명한 그랜드 호텔에는 베란다라는 괜찮은 식당이 있다. 유명 셰프가 내는 런치 메뉴를 합리적인 가격에 아름다운 뷰를 보며 즐길 수 있다. 이곳에서 주 스웨덴 한국 대사님의 점심 초대를 받았다. 작가 레지던스 프로그램으로 석 달 동안 스웨덴에 머물며 글을 쓰기 위해 갓 도착했을 무렵이었다. 퇴근 후나 주말에 스톡홀름의 거리를 산책하는 것이 참 좋다는, 소탈하고 유머러스한 대사님과의 런치는 내내 유쾌했다. 이국에서의 낯선 생활에 대한 두려움이 조금씩 사라지는 것이 느껴졌다. 좋은 글 많이 쓰고 스웨덴을 충분히 즐기라는 격려를 받았다.
네, 일단 즐기는 건 맡겨두세요.

베란다
The Veranda

- WAY 10번·11번 지하철로 Kungsträdgården역 도보 2분
- ADD Södra Blasieholmshamnen 8
- TEL +46 8 679 3586
- OPEN 런치 월~금 11:30~17, 디너 월~금 17~23, 토·일 12~23
- WEB www.grandhotel.se

Bedtime can be whenever

미스 클라라
MISS CLARA
by nobis

WAY 회토리에트 역에서 도보 5분
ADD Sveavägen 48
TEL +46 8 440 6700
WEB www.missclarahotel.com

내가 다니던 학교는 이른 여름이면 등나무 덩굴 아래로 연보라색 꽃이 흐드러지게 피어나 바람이 불면 운동장이 달콤한 향으로 가득해졌다. 미술 시간이면 종종 등나무 덩굴 아래에서 야외 수업을 했다. 노처녀 선생님으로 불렸지만 지금 생각해보면 깜짝 놀랍도록 젊고 다정했던 미술 선생님이 갑자기 학교를 그만 둔 뒤로는 야외수업도 끝이었다. 문득 학교를 떠올릴 때면 등나무 그늘과 미술 선생님이 가장 먼저 생각난다. 여행에서 돌아가 이 도시를 기억할 때, 어쩌면 다정했던 이 하얀 방이 먼저 생각날지도 모르겠다. 1910년에 지어져 여학교로 쓰이던 건물을 개조한 이 아름다운 호텔은 교장선생님이었던 미스 클라라의 이름을 따왔다고 한다. 조식을 먹던 1층 식당은 점심과 저녁에는 건강하고 맛좋은 유기농 요리를 선보이는데 늘 자리가 꽉 찰 정도로 인기다.

감라스탄

Gamla Stan

감라스탄은 '오래된 옛 도시'라는 뜻이다. 우리가 태어난 것보다 훨씬 전에 이 나라, 이 거리에 살았던 사람들의 숨결과 웃음소리, 혹은 슬픔과 괴로움의 눈물이 현재로 오롯이 이어진 좁은 골목을 마주한 집들에서 저녁이면 아늑한 불빛이 새어나오고 아침이면 특별할 것 없는 하루가 시작되는 풍경을 호기심 어린 여행자의 눈으로 두리번거리는 기분은 왠지 묘하다. 타박타박 미로처럼 이어지는 골목을 따라 걸으면 도시만큼의 시간을 견딘 카페와 레스토랑, 그리고 신선한 감각으로 도시의 모습을 담아내는 작은 공방과 느낌 좋은 숍이 슬며시 문을 열어준다. 어쩌면 볼이 발갛게 달아오른 키키의 뒷모습을 살짝 볼 수 있을 지도 모른다. 지브리사의 애니메이션 <마녀 배달부 키키>가 날아다니던 골목길이 바로 이곳 감라스탄이다. 시간이 고요히 머문 듯한 거리를 지나 골목 끝, 푸른 물결이 일렁인다. WAY 17번·18번·19번 지하철 Gamla Stan역

사르르, 녹아드는 기쁨

골목에 진동하는 고소한 냄새를 따라 홀리듯 가게로 들어가니 잠시 뒤 내 손에 야무지게 쥐어진 아이스크림. 살짝 맛보니 절로 웃음이 새어나온다. 매장 한쪽에서 구워내는 바삭한 콘에 얹어먹는 젤라또는 마지막 한입까지 맛있다.

카페 코크브린켄
Cafe
Kåkbrinken

WAY 17번·18번·19번 지하철로 Gamla Stan역 도보 1분
ADD Västerlänggatan 41
TEL +46 8411 6174
OPEN 일~금 10~19, 토 10~20

요정과 산타, 순록의 시장
크리스마스 마켓 Christmas Market

감라스탄의 중앙 광장에 11월 말부터 크리스마스 마켓이 선다. 오후 두세 시면 어둠이 내리는 겨울의 광장은 다시 환하게 밝혀지고 사람들이 모여든다. 빨간 차양을 드리운 작은 노점에서는 크리스마스 장식품과 뜨개 제품, 치즈와 빵, 순록고기 햄 등과 간식거리를 판다. 북적이지만 크리스마스를 기다리는 설렘이 느껴져 싫지만은 않다. 글뢰그glögg 가게 앞은 늘 긴 줄이 늘어서 있다. 글뢰그는 와인에 계피와 설탕, 건포도, 아몬드를 넣고 끓인 달콤한 음료로 생강쿠키와 함께 먹는다. 스톡홀름의 로버트 레드포드 같은 할아버지에게 글뢰그를 사서 한 잔 마시자 금방 몸이 훈훈해지고 세상이 배는 아름다워 보였다. 숲에서 놀러 나온 요정도 몇 만났다. 진짜다.

죽음의 상인이 남긴 유언

신문에 한 남자의 부고가 실린다. 문제는 부고의 주인공이 멀쩡히 살아 있었다는 것. 게다가 아무도 슬퍼하지 않고 심지어 잘 죽었다고까지 한다. 이에 큰 비애를 느낀 남자는 자신의 재산으로 재단을 만들어 인류의 발전에 기여한 사람들에게 해마다 상금을 주겠다는 유언장을 작성한다. 그것이 바로 남자의 이름을 딴 노벨상. 수상자들에게는 800만 크로나, 약 10억 원의 상금이 주어지며 큰 영예로 여겨진다. '죽음의 상인'이라 불렸던 남자의 멋진 복수다. 아니, 복수는 아니었던가요. 노벨 박물관은 노벨과 노벨상 수상자들을 기념하는 박물관이다. 박물관 안에 있는 카페에서는 노벨상 시상 만찬에 내는 디저트를 맛볼 수 있다.

노벨 박물관
Nobel-
museet

WAY 17번·18번·19번 지하철 Gamla Stan역 도보 10분
ADD Stortorget 2
TEL +46 8 5348 1800
OPEN 6월~8월 9~20
   9월~5월 화~목 11~17, 금 11~20, 토·일 10~18
CLOSE 9월~5월의 월요일
FEE 어른 120SEK, 학생 80SEK, 18세 이하 무료,
   9월~5월의 금요일 17~20시 무료
WEB www.nobelmuseum.se

엘프와 산타, 겨울 나라의 공주

왕실에 들어가는 막대한 세금에 대한 논란은 늘 있지만 스웨덴인들의 왕실 사랑은 지극하다. 소탈한 성품으로 인기인 현 국왕, 칼 구스타프 16세와 왕위 계승 서열 1위인 빅토리아 공주 뒤를 이어 떠오르는 스타는 빅토리아 공주와 헬스트레이너 출신 남편 다니엘 왕자 사이에서 태어난 귀여운 아기 공주 에스텔. 숲과 산타와 엘프도 있는 스웨덴에 엘사 같은 씩씩한 공주도 잘 어울리지 않나 싶지만 공주는 돈이 좀 드는 문제가 있군요. 왕실 가족이 1981년에 드로트닝홀름으로 이주한 뒤 왕궁은 왕의 업무 장소와 외국 국빈을 맞는 영빈관으로 쓰인다. 600여 개의 방 중 일부를 공개하고 있다. 광장에서 열리는 근위병 교대식이 근사하다.

왕궁
Kungahuset

- WAY 17번·18번·19번 지하철 Gamla Stan역 도보 10분
- ADD Slottsbacken 1
- TEL +46 8 402 60 00
- OPEN 10월~4월 10~16, 5월·6월·9월 10~17, 7월~8월 9~17
  *근위병 교대 시간 5월~8월 월~토 12:15, 일 13:15
  9월 이후 수·토 12:15, 일 13:15
- CLOSE 10월~4월의 월요일과 왕실 중요 행사시
- FEE 어른 180SEK, 7~17세 90SEK
- WEB www.kungahuset.se

라스무스의 청어

어렸을 때 읽은 <방랑의 고아 라스무스>에서 라스무스가 먹던 청어 튀김의 맛이 늘 궁금했다. 평생의 궁금증을 드디어 풀었다. 감라스탄 초입 작은 광장에는 노란 물고기 간판을 단 작은 가게가 있다. 뉘스텍트nystekt는 '갓 튀긴', 스트뢰밍strömming은 '작은 청어'를 뜻한다. 볕은 좋고 바람이 살랑살랑 불어와 야외에서 청어튀김 한 접시 먹기 딱 좋은 날씨였다.

뉘스텍트
스트뢰밍
Nystekt
Strömming

WAY 17번·18번·19번 지하철 Gamla Stan역 근처 광장
ADD Kornhamnstorg 1
TEL +46 73 971 92 47
OPEN 월~토 10~21, 일 10~19:30

오래된 식당의 전설

1722년에 오픈해 세계에서 제일 오래된 식당으로 기네스북에 등재되어 있다거나 미슐랭에서 추천한 고메이 식당이라거나 50크로나 화폐의 주인공이기도 한 스웨덴의 음유시인 에베트 토브Evert Taube의 단골 식당이었다거나 스웨덴 아카데미 노벨 문학상 심사위원들이 매주 목요일에 저녁을 먹으며 수상자를 선정하는 곳이라거나 하는 화려한 수식어보다 근사한 분위기, 적절한 서비스, 흡족한 음식 맛만으로도 식당은 꽤 괜찮았다. 미트볼과 생선요리, 스테이크 등, 어느 것이나 맛있었다. 그나저나 노벨 문학상 심사위원들은 -밥 딜런 팬히 뽑았어. 시상식도 안 오고. -선약 때문에 못 왔다잖아. 거, 미트볼이나 한 개 더 먹어. 이런 대화들을 나눴을까요.

덴 일데네 프레덴
Den Gyldene Freden

WAY 17번·18번·19번 지하철 Gamla Stan역 도보 5분
ADD Österlånggatan 51
TEL +46 8 249 760
OPEN 월~금 17~자정, 토 13~자정
CLOSE 일요일
WEB www.gyldenefreden.se

쇠데르말름

Södermalm

'남쪽 섬'이라는 뜻의 쇠데르말름. 예전에 노동자들이 모여 살던 지역에 스타일리시한 젊은이들이 모여들기 시작하며 주거 공간과 감각적인 숍과 카페가 자연스럽게 어우러진 멋진 거리가 되었다. 오래된 목조 건물을 지나 완만한 마리아베리Mariaberg 언덕과 이바르 로스 공원Ivar Los Park을 오르면 도시가 한눈에 보이는 멋진 풍광이 펼쳐진다. 언덕 바로 아래, 근사한 포토그라피스카 건물이 있다.

그 순간, 그리워질 것 같았다

쇠데르말름의 바닷가에 매우 아름다운 건물이 있다. 과거 세관 건물로 쓰이던 적색 벽돌 건물은 사진 미술관, 포토그라피스카다. 건물 내부는 심지어 화장실마저 스타일리시했다. 전시는 감각적이고 신선했다. 하지만 이게 다가 아니다. 더욱 아름다운 것이 기다리고 있었다. 그것은 눈앞에 펼쳐지는 아리도록 푸른 수평선을 향한 풍경. 한동안 우리는 아무 말도 없었다. 아니, 아, 하는 탄식인지 감탄인지 모를 작은 소리는 낸 것도 같다. 우리가 앉은 곳이 카페의 최고 명당자리임이 분명했다.

우리 앞에 있는 건 출렁이는 파도, 그리고 아름다운 기억의 순간처럼 펼쳐진 사각의 풍경. 찰칵, 마음속에 그 풍경을 담았다. 훗날 문득 들춰보며 그리워하게 될 순간임을, 나는 예감했다.

WAY Slussen역에서 도보 10분
ADD Stadsgårdshamnen 22
TEL +46 8 5090 0500
OPEN 일~수 9~23, 목~토 9~1
FEE 어른 165SEK,
 학생·65세 이상 135SEK
WEB fotografiska.com

포토그라피스카
Fotografiska

한동안, 가만히

간판의 글자 폰트가 귀엽고 흰색과 민트색 매장이 예쁜 소담한 카페. 꼭 가 봐야 할 세계의 카페 리스트에도 올라 있다고 하는데 산미가 강한 편인 커피는 내 입맛에는 별로 맞지 않았다. 하지만 아기에게 이유식을 먹이느라 진땀 뺀 라떼파파(육아는 과연 힘든 일인지 몹시 지쳐 보였다)가 커피를 마시며 잠시 숨을 돌리고 동네 주민들인 듯한 사람들이 이야기를 나누거나 책을 읽으며 각자 저마다의 공간을 누리는 풍경이 좋았다. 한동안 앉아, 나도 그들의 고요한 피카 타임에 끼어 보았다.

드랍 커피
DROP COFFEE

WAY 13번·14번 지하철로 Mariatorget역 도보 1분
ADD Wollmar Yxkullsgatan 10
TEL +46 70 422 9543
OPEN 8:30~18, 토·일 10~18
WEB dropcoffee.com

전망 좋은 식당

도시가 한눈에 내려다보이는 레스토랑이라고 해서 관광객만 넘치는 곳이 아닐까 싶었는데 빈자리 하나 없는 테이블마다 스웨덴어가 가득 들려왔다. 곤돌렌 레스토랑은 가족 외식이나 중요한 모임의 장소로 스톡홀름 시민들에게 오랫동안 사랑받아왔다. 저녁 메뉴는 가격이 좀 부담스럽지만 순록 스테이크와 생선 요리 등을 내는 런치 코스는 합리적인 가격에 즐길 수 있다. 근사한 전망은 덤, 예약은 필수다. 레스토랑을 이용하지 않더라도 식당과 이어져 있는 카탈리나 전망대에서 공짜로 아름다운 뷰를 감상할 수 있다.

곤돌렌 레스토랑
Eriks Gondolen

WAY 17번·18번·19번 지하철 Slussen역
ADD Stadsgården 6
TEL +46 8 641 7090
OPEN 월 11:30~23, 화~금 11:30~1, 토 16~1
화~토 17~1(7월~8월)
CLOSE 일요일, 7월~8월의 일·월
WEB www.eriks.se

강을 따라 유쾌한 벼룩시장

재미난 시장이 열린다고 해서 가봤다. 혼스툴 마켓은 4월부터 9월, 주말에 열리는 벼룩시장이다. 마켓 가까이 가니 노래와 연주 소리가 들려오고 맛있는 냄새가 풍겼다. 강을 따라 바람에 흔들리는 버드나무 아래 가판대가 늘어서 있다. 주로 빈티지 옷과 액세서리, 많지는 않지만 그릇과 잡화 등도 판매한다. 이런 걸 팔아도 되나 싶어서 쿡쿡 웃게 되는 물건들도 있고 '내게는 더 이상 필요 없지만 당신이 쓸모를 발견하길 바라요' 하는 물건들이 느긋하게 진열되어 있고 사람들은 부지런히 각자의 보물찾기에 열중해 있었다. 혼스툴 마켓이 유명한 건 바로 푸드 트럭 때문. 스테이크와 햄버거, 타코와 팔라펠, 누들 같은 간단한 음식을 판매한다. 그리고 여기에 생맥주가 있다. 즐거워 보이는 사람들 사이에 끼어 맥주를 마시며 조용히 흐르는 강을 바라보는 기분이 살랑살랑했다. 마켓을 빠져나와 강가를 따라 이어지는 공원까지 천천히 걸었다. 너른 잔디 위에는 주말을 보내러 나온 사람들이 저마다의 방식으로 햇살과 바람을 즐기고 있었다. 나의 주말은 어떤가, 잠시 생각해 보았다.

혼스툴 마켓	WAY 13번·14번 지하철로 Hornstull역 도보 3분
Hornstulls	ADD Hornstulls strand 4
marknad	TEL +46 76 329 1595
	OPEN 4월~9월 토·일 11~17
	WEB hornstullsmarknad.se

노을이 물드는 언덕

수풀이 더부룩한 오솔길을 따라 한동안 걷자 아, 무심코 감탄사가 튀어나오는 풍경이 펼쳐졌다. 난간에 기대 풍경을 구경하는 사람들을 지나 조금 더 걸으니 비탈진 곳에 잔디가 펼쳐진 아담한 공원이 나온다. 잔디 위에 각자 좋을 대로 자리를 잡고 샌드위치를 먹거나 맥주를 마시거나 누워서 책을 읽거나 아무것도 하지 않고 멍하니 앉아 있는 사람들. 그 사이에 우리도 앉아 기다린다. 노을이 물드는 시간이 이윽고 시작된다. 오후의 마지막 햇빛이 찬란하게 흩뿌려진 하늘이 차차 색을 바꾸며 금빛으로 물들어 태양은 점점 수평선에 가까워져 하늘과 호수가 온통 붉은색으로 물드는 것도 잠시, 보랏빛으로 점점 더 깊어졌다. 멀리 호수가 일렁이고 나무가 가만히 흔들렸다. 하나둘 거리에 빛이 반짝이기 시작한다. 저만치 높은 하늘 위에 작은 달이 걸려있다. 아름답다는 말을 나누는 것도 잊은 채, 오랫동안 그 풍경을 바라보았다.

이바르 로스 공원 WAY 13번·14번 지하철로 Mariatorget역 도보 10분
Ivar Los Park ADO Bastugatan 26
OPEN 24시간

소포

Sofo

조용하고 사려 깊은 스웨덴인들의 가슴 깊은 곳에는 억누를 수 없는 유머 감각이 존재하는데, '커피 한잔 할까' 하는 말을 눈 찡긋거리며 '피카'라는 말로 바꿔 즐거이 사용했고 뉴욕에 소호가 있다면 우리에게는 '소포'가 있지 하며 이 핫한 거리를 대단히 심플하고 위트 있는 이름으로 부르고 있다. 그러니까 나는 스웨덴인들의 유머를 사랑하고 멋진 가게들이 즐비하고 작은 공원에서 이어진 아름다운 언덕이 있는 소포 거리를 좋아한단 얘기다. 소포는 쇠데르말름 지역 폴쿵아가탄의 남쪽 South of Folkunagatan 거리를 이른다.

오렌지 향, 바다 맛의 캐러멜

짙은 색의 나무와 초록 벽, 작은 공장에서 흘러나오는 단 냄새, 오렌지 향과 바다 맛의 캐러멜, 소스를 젓다가 살짝 지어주는 다정한 미소. 어쩐지 너무 좋아 견딜 수 없는 마음. 펠라Pärla는 옛날 스웨덴에서 사랑하는 사람을 부르는 호칭이었다. 펠란스, 혹은 페르란스라고 부드럽게 울리는 발음처럼 사랑스러운 가게에서 산 캐러멜을 여행에서 돌아온 뒤 아껴가며 먹었다. 꿈같은 맛이 입안에 퍼졌다 사르르 사라졌다.

펠란스
Pärlans

WAY 17번·18번·19번 지하철 Medborgarplatsen역 도보 10분
ADD Nytorgsgatan 38
TEL +46 8 660 7010
OPEN 화~금 12~17, 토 11~16
CLOSE 일·월
WEB www.parlanskonfektyr.se

참을 수 없는 귀여움

미니 로디니는 스웨덴 아동 브랜드로, 자연을 모티브로 한 패턴과 비비드한 컬러로 사랑스러우면서도 실용적인 옷을 선보인다. 스웨덴 전역에 매장이 곳곳에 있고 백화점에도 입점해 있는데, 아담한 소포 매장은 외관마저도 너무 귀엽다. 아가 쌍둥이 조카들의 옷을 잔뜩 사고 기뻐져버렸다.

미니 로디니 mini rodini		
W A Y	17번·18번·19번 지하철 Medborgarplatsen역 도보 10분
A D D	Nytorgsgatan 36
T E L	+46 8641 7788
O P E N	11~18, 토 11~17, 일 정오~16
W E B	minirodini.com

아크네 스튜디오 Acne Studio		
W A Y	17번·18번·19번 지하철 Medborgarplatsen역 도보 10분
A D D	Nytorgsgatan 36
T E L	+46 8640 0470
O P E N	11~19, 토 11~17:30, 일 정오~17
W E B	acnestudios.com

천사의 조언

마음에 드는 원피스를 발견하고 입어봤는데 컸다. 더 작은 사이즈는 없냐고 직원에게 묻자 확인해보겠다고 싱긋 미소를 지었다. 그 미소에 심장이 멎는 것 같았다. 직원은 천사, 내가 어렸을 때 읽었던 아름다운 동화책에 나온 천사의 모습 그대로였다. 더 작은 사이즈는 없다고 하더니 직원이 말했다. "그 옷은 원래 여유로운 핏으로 입는 게 멋진데, 난 그런 핏을 좋아해요. 내 생각에는 그 원피스가 잘 어울리는 것 같은데 당신이 크다고 생각한다면(미소를 살짝 짓고) 어쩔 수 없죠." 너무 다정한 말에 나 역시 여유로운 핏을 단숨에 사랑하게 되었다. 천사의 매력, 아니 조언을 어떻게 거부할 수 있나요.

젤라또의 공원

아크네 매장 건너편 작은 공원에는 무성한 나무 사이 귀여운 민트 색 젤라또 가게가 있다. 봄과 여름철에만 문을 여는 가게 앞에는 늘 긴 줄이 늘어서 있고 아이스크림을 받아든 사람들은 반드시라고 해도 좋을 만큼 활짝 웃음을 짓는다.

젤라또
카풋 문디
Gelato
Caput Mundi

WAY   17번·18번·19번 지하철 Medborgarplatsen역 도보 10분
ADD   Nytorgsgatan 38
TEL   +46 8 660 7010
OPEN 화~금 12~17, 토 11~16
CLOSE 일·월요일
WEB   www.parlanskonfektyr.se

어반델리 WAY 17번·18번·19번 지하철 Medborgarplatsen역 도보 10분
Urban Deli ADD Nytorget 4
Nytorget TEL +46 8 4255 0030
OPEN 수·목·토 8~자정, 일~화 8~23, 금 8~1
WEB www.urbandeli.org

오늘의 런치, 상냥함의 커피

유독 좋은 햇살을 받고 자란 듯 반짝반짝 빛나는 채소와 과일, 피클과 잼 등이 예쁜 병에 담겨 가지런히 진열되어 있는 가게는 둘러보는 것만으로 즐거워졌다. 한쪽에는 가게 이름에 걸맞게 갓 구운 빵과 먹음직스럽게 담긴 도시락과 레디밀 식품이 다양하게 진열되어 있다. 도심 속 작은 휴식 같은 그곳에 우리는 자주 점심을 먹으러 갔다. 매일 바뀌는 런치 메뉴를 주문하면 신선한 재료로 차려진 샐러드바를 함께 이용할 수 있다. -맛있는 티와 커피도 준비돼 있으니 식사 후에 꼭 드세요. 상냥한 직원이 늘 신신당부했다. 직원을 실망시키지 않기 위해 우리는 꼭 티와 커피를 마시며 북유럽 요리에 많이 쓰이는 허브인 딜은 '딜라'라는 단어에서 유래되었는데, 딜라는 '진정'이라는 뜻이라거나 그래서인지 요즘 성품이 상당히 온화해진 것 같다는 이야기 같은 것을 나누며 따뜻한 커피와 티를 한 잔 더 마시기도 했다. 눈을 돌리면 창밖엔 천국 같은 풍경. 니토게트 스퀘어의 초록 잔디밭 위로 분수가 솟아오르자 아이들이 환호성을 질렀고 라떼파파들은 그 옆에서 느긋이 햇살을 즐기고 있었다.

합리적이고 자연스러운 가게

어반델리에서 나오면 자연스레 그 옆 가게에 들르곤 했다. 스톡홀름 스타드미션은 비영리 자선단체에서 운영하는 세컨핸드숍이다. 옷과 신발부터 책, 가구와 그릇, 테이블웨어 등 다양한 물건이 잘 정리된 채 새 주인을 기다리고 있다. 레게 머리에 모피코트를 두른 스톡홀름 최고 멋쟁이가 가죽 부츠를 득템하거나 한 청년이 저것은 무엇에 쓰이는 것일까 궁금한 몇 가지 물건을 즐거운 표정으로 한아름 사들거나 실험실에서 표본을 들여다보듯 신중하게 그릇을 살피던 노부인이 마침내 흡족한 표정으로 빈티지 찻잔 세트를 구입해 나가기도 하는 것을 구경하며 이곳의 세컨핸드숍은 실생활과 무척 밀접하게 연결되어 있고 또 자연스럽게 순환하고 있다고 느꼈다. 그 과정이 합리적인 동시에 즐거워 보였다. 우리도 잠시 우리만의 보물찾기에 열을 올렸다.

스톡홀름 스타드미션
Stockholms Stadsmission

- WAY 17번·18번·19번 지하철 Medborgarplatsen역 도보 10분
- ADD Skånegatan 75
- TEL +46 8 6842 3450
- OPEN 월~금 10~19, 토 11~17, 일 12~17
- WEB www.stadsmission.se

일찍 일어나는 새의 미트볼

일찍 일어나는 새는 피곤하지 않나, 하는 인생 신조를 가지고 있지만 기꺼이 얼리버드가 된 날이 있다. 미트볼을 먹기 위해서다. 아름다운 창이 길을 향해 난 아늑한 식당의 메뉴는 오직 미트볼뿐. 하지만 쇠고기와 돼지고기뿐 아니라 양과 사슴고기 등을 이용해 전통적인 요리법은 물론 창의적인 방식으로 조리한 색다른 미트볼까지 맛볼 수 있다. 친근하고도 캐주얼한 분위기의 식당에는 재미나게도 오전 11시부터 정오까지 음식 가격을 할인해주는 '얼리버드 디스카운트'가 있다. 휴, 아슬아슬했습니다. 얼리버드들이 상당히 많더군요.

미트볼 포 더 피플
Meatballs for the People

- WAY 17번·18번·19번 지하철 Medborgarplatsen 역 도보 10분
- ADD Nytorgsgatan 30
- TEL +46 8 466 6099
- OPEN 일~목 11~21, 금·토 11~22
- CLOSE 여름에는 긴 휴가를 갖거나 영업시간이 단축되기도 하니 방문 전 홈페이지에서 확인할 것
- WEB meatball.se

스웨디시 매너

화이트와 블랙을 주조로 한 기능적이면서도 세련된 옷과 패션 잡화, 인테리어 소품과 빈티지 가구, 주방용품과 조명, 포스터 등을 판매하는 편집숍 그랜드파는 스톡홀름 시내 곳곳에 있지만 차분하면서도 근사했던 소포의 매장이 좋았다. 간결하면서도 구석구석 멋스러움이 배어나는 공간은 감탄스러울 정도였다. 그리고 덧붙이자면. 스웨덴에서는 외모에 대한 언급은 굉장히 실례라 아이한테도 예쁘다거나 귀엽다는 말을 해서는 안 된다고 해서 조심스레 얘기하자면 매장의 직원이 깜짝 놀랍도록 잘 생겼더군요. 강아지나 고양이는 귀엽다고 칭찬해도 된다고 합니다.

그랜파
Grandpa

- WAY: 17번·18번·19번 지하철 Medborgarplatsen역 도보 10분
- ADD: Södermannagatan 21
- TEL: +46 8 643 6080
- OPEN: 월~금 11~18:30, 토 10~17, 일 11~17
- WEB: www.grandpastore.se

아름다운 서점

거리에는 매우 아름다운 서점이 하나 있다. 1994년 문을 연 콘스트-이그는 아트북 전문 서점이다. 그러니까 20년쯤 된 가게다. 그리 대단한 시간은 아닌지 모르지만 이 서점에 들러 책을 사갔던 손님 중에는 다른 곳에서는 구할 수 없었던 책을 발견하고 흥분된 마음으로 사서 밤을 새워 단숨에 읽어버린 예술 학교 학생도 있을 것이고 그 중에는 정말로 디자이너나 건축가가 되기도 하고 그래서 스웨덴의 디자인과 예술을 더욱 풍부하고 견고하게 만들고 있으며 혹은 그들의 책이나 아트 포스터가 이곳에 진열되고 있을지도 모른다. 그저 소비되고 사라져 잊히는 것이 아니라 보이지 않는 무언가의 형태로 남는 책이라는 존재의 우아한 힘에 대해, 이 아름다운 서점에서 다시 생각해본다.

콘스트-이그
Konst-ig

WAY 17번·18번·19번 지하철 Medborgarplatsen역 도보 10분
ADD Åsögatan 124
TEL +46 8 20 4520
OPEN 월~금 11~18:30, 토 11~17, 일 12~16
WEB konstig.se

그날의 예감, 8월의 사과 접시

소포 거리로 부지런히 걸어가던 중 발견한 숍 앞을 기웃거리다 저 안에는 그냥 지나쳤다가는 후회할 것들이 가득 들어 있을 거라는 생각이 들었다. 예감이 맞았다. 레트로 이티씨는 디자이너 제품과 빈티지 제품이 한데 모여 있는 셀렉트숍. 현재 스웨덴이 가장 사랑하는 디자이너인 잉겔라 P 아레니우스의 귀여운 동물 일러스트 접시와 유머러스한 포스터, 사랑스러운 사과 패턴으로 유명한 롯타 쿨혼의 패브릭과 그릇, 구스타프베리와 아라비아의 빈티지 찻잔들과 영국 브랜드 올라켈리의 그릇, 레트로 조명과 빈티지 원피스까지 온갖 탐나는 것이 가득하다.

레트로 이티씨
Retro etc.

WAY 17번·18번·19번 지하철 Medborgarplatsen역 도보 3분
ADD Folkungagatan 65
TEL +46 8 23 2503
OPEN 월~금 11:30~18:30, 토 11~16
CLOSE 일요일
WEB www.retroetc.se

소녀들은 자라서

작은 새가 그려진 벽, 이따금 불어오는 바람에 부드럽게 커튼이 흔들리는 작은 창 아래 침대에 마리, 요하나, 엘사, 안나라는 이름의 조금은 손때 묻었지만 정성스럽게 머리를 땋은 인형이 놓여 있고, 책상 서랍에는 정원에서 주운 색유리 조각과 지난 여름 바닷가의 산호와 조개껍데기, 말린 꽃잎, 리본과 브로치, 바닐라 향이 나는 비누와 색색의 단추를 소중히 간직해 둔 소녀가 자라면 이런 가게를 열게 되지 않을까 싶은, 아름답고 사랑스러운 것으로 가득차 있는 소품숍의 주인은 우리가 고른 플라밍고가 들어있는 유리볼을 핑크색 종이로 정성스럽게 포장하고 예쁜 종이꽃까지 붙여줬다.

칵테일
Coctail

WAY 17번·18번·19번 지하철
     Medborgarplatsen역 도보 10분
ADD Bondegatan 34
TEL +46 8 642 0741
OPEN 월~금 11~18,
     토 11~17, 일 12~16
WEB www.coctail.nu

창밖은 사과나무

에어비앤비

창문을 열어 시리고 푸른 아침 안개 속으로 손을 뻗어 사과 하나를 따서 침대에 누운 채로 아삭 베어 물며 서서히 잠에서 깨어나는 상상을 하곤 했다. 그게 <작은 아씨들>의 한 장면이던가. 아니면 <빨간 머리 앤>이던가. 아니, 둘 다 아닌 것 같다. 어쩌면 꿈이었을까. 잠시 빌려 쓰는 집에서 꿈 하나를 이뤘다. 침대 옆 창으로 사과나무가 보이고 그 아래로 이웃집 고양이가 울타리를 넘어 수국과 장미가 피어난 마당을 사뿐히 걸었다. 바람이 불 때마다 사과나무의 푸른 잎이 서로 부딪쳐 사각사각 파도소리를 냈다. 손을 뻗어 사과를 하나 따먹었다. 단 맛은 적지만 신선한 맛이 났다. 사과를 먹으며 오늘은 어디로 가볼까 가만히 궁리해보는, 여행의 아침이다.

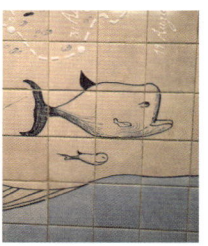

지하철역 Tunnelbana

미드솜마크란센Midsommarkransen. 여름의 화관이라는 멋진 이름을 가진 지하철 역사 내에는 나뭇가지와 꽃을 엮은 화관 모형이 걸려있다. 소녀가 일곱 가지 종류의 꽃을 베개 밑에 두고 자면 꿈에 미래의 남편을 볼 수 있다는 전설 때문에 미드서머, 즉 하지축제에 소녀들은 꽃으로 엮은 화관을 쓴다고 한다. 이 낭만적인 이름의 역에서 조금 걸으면 우리 집이 나왔다. 스웨덴의 지하철역은 아름답기로 유명하다.

정령의 숲

지하철역을 나서니 꽃집 두 개가 나란히 서있다. 꽃집에서 하얀 블라우스와 검정 스커트를 단정하게 차려입은 노부인 셋이 작은 꽃다발을 들고 나온다. 저들을 따라가면 되겠구나 싶어 뒤를 밟는다. 산책이라도 나선 듯, 노부인들의 걸음은 서두르는 기색이 없다. 돌담 사이로 난 길을 따라 잠시 걷자 갑자기 가슴이 상쾌해지는 초원과 푸른 하늘이 펼쳐진다. 그 사이로 간결한 조각물이 서있었다. 그것이 십자가라는 걸 조금 뒤에 깨닫는다. 종교적인 엄숙함이나 무거운 슬픔의 분위기는 없다. 떠나는 이를 배웅하는 마음은 햇살이 부드럽게 어루만지는 완만한 언덕을 타고 숲속으로 이어진다.

에리크 군나르 아스플룬드Erik Gunnar Asplund와 시구르드 레베렌츠Sigurd Lewerentz, 두 건축가가 25년에 걸쳐 1940년에 완성한 숲의 화장터는 오래 전부터 이 지역에 있던 울창한 소나무 숲 사이에 조용히 자리하고 있다. 평생을 숲과 함께 하는 스웨덴인들의 마지막 집 역시 숲이다. 깊은 그늘을 드리운 소나무 가지 사이로 반딧불이같은 빛이 떠돈다. 고요하지만 적막하지는 않다. 조깅을 하는 남자와 유모차를 밀며 이야기를 나누는 젊은 엄마들이 지나간다. 정원을 가꾸듯 묘석 앞에 꽃을 심는 노부부도 있었다. 곳곳에 벤치가 놓여있다. 좀더 숲 안쪽으로 들어가니 작은 집이 나온다. 스웨덴의 민가를 본떠 지었다는 예배당은 어쩐지 동화 속에 나오는, 그 안에는 둘러앉으면 훈훈해지는 벽난로와 김을 내며 뭉근히 끓고 있는 수프 냄비가 있을 것 같은 작고 소박한 집을 떠올리게 한다. 가만히 기척이 느껴진다. 울창한 숲, 나무 뒤로 어른거리는 기척. 그것은 분명 이 세상을 떠나 숲의 정령이 된 존재들일 것이다. 두려운 생각은 들지 않는다. 그들의 세상은 분명 아름답고 따스하리라는 느낌이 전해진다. 아마도 그럴 것이다.

숲의 화장터
Skogskyrko-
gården

WAY 지하철 18번 Skogskyrkogården역
도보 10분
ADD Sockenvägen
TEL +46 8 508 317 30
OPEN 연중 24시간
WEB www.skogskyrkogarden.se

꿈같은 순간

너른 풀밭 위를 달리는 아이들의 등을 바람이 가만히 밀어주었다. 나뭇잎 사이로 반짝, 햇살이 빛난다. 산책하는 귀여운 강아지들을 구경하며 수령을 짐작하기 힘든 울창한 나무 아래로 신선한 공기 속을 천천히 호흡하며 걸었다. 먼 곳에서 왔군요, 하고 미소를 지어주던 주인의 귀여운 아이스크림 가게에서 젤라또를 사먹고 총총 달려 수풀 사이로 사라진 토끼를 따라 걸으니 호수였다. 물을 향해 길게 난 나무 데크 위에 앉아 발을 수면 위로 드리운다. 푸른 물속으로 다이빙하는 어린 소녀, 샌드위치를 싸들고 피크닉 나온 가족, 하늘을 향해 누워 음악을 듣고 있는 남자, 멀리 물살을 가르는 카약, 고요히 헤엄쳐 다가오는 오리 떼, 살랑 수면 위로 부는 바람. 그 순간 하늘 위로 열기구가 둥실 떠올라 천천히 떠갔다.

하가 파크
Haga Parken

WAY 17번·18번·19번 지하철 Odenplan역 도보 15분
ADD Haga Parken, Solna
OPEN 24시간

호숫가, 숲속의 방

호숫가 호텔에 며칠을 묵었다.
초록 잎이 흔들리는 창을 열면 덤불 사이에 사람을 무서워하지 않는 토끼들이 풀을 뜯고 있었다. 노루가 순한 얼굴을 잠시 비추고 풀밭을 달려 숲속으로 사라진다. 이곳의 공기는 놀랄 만큼 투명하다. 도심에서 불과 얼마 떨어지지 않은 거리에 이토록 호젓한 곳이 있다는 것이 놀랍다. 아침을 먹기 전에 잠시 산책을 나선다. 문을 나서자마자 호수가 펼쳐진다.
1660년대에 지어진 건물을 개조한 아름다운 호텔은 딱 좋을 만큼의 여유와 온기가 있었다. 간결하면서도 우아한 가구가 맞춤한 곳에 놓여있고 천창으로 나붓한 햇살이 스며들어 사각거리는 이불에서 별 냄새가 났다. 좋았던 호텔 MISS CLALA와 한번쯤 묵고 싶었던 솁스홀멘 섬에 있는 HOTEL SHEPPSHOLMEN과 같은 계열의 호텔이라 선택했는데 기대 이상으로 좋

앉다. 미슐랭 가이드에 실린 식당에서는 매일 충실한 조식이 차려졌다. 호수가 보이는 테라스에 앉아 신선한 햇살 속에서 아침을 먹으며 오늘도 꽤 더울 모양이다, 수영을 해볼까, 스웨덴 버터는 정말 맛있는 것 같아, 이렇게 버터를 먹어대다간 수영복이 들어가지 않을 것 같은데, 오늘은 어디로 가볼까, 하는 이야기들을 나누며 이따금 눈을 들어 호수를 바라본다. 아무것도 하지 않고 이렇게 하루 종일 앉아만 있어도 좋겠다고 생각한다. 그것만으로도 충분할 것 같다.

스톨마스타레 가든 호텔
Stallmästare-garden Hotel

WAY 17번·18번·19번 지하철 Odenplan역 도보 15분 또는 57번 버스 Haga Parken
ADD Stallmästaregården Norrtull
TEL +46 8610 1300
WEB stallmastaregarden.se

small trip

항구의 그릇 가게

예쁜 그릇은 좋아하지만 그릇 사러 아웃렛에 가는 부지런까지 떨 생각은 없었는데 스웨덴 친구가 말했다. -거기 가볼 만해. 동네가 예쁘거든. 너 산책 좋아하잖아. 그래서 게으른 주제에 팔랑귀인 나는 산책을 떠났다.

구스타프베리는 1820년대 만들어진 스웨덴을 대표하는 도자기 브랜드. 스티크 린드베리, 리사 라손 등이 자연을 모티브로 디자인한 간결하고 아름다운 그릇은 수작업에 가까운 방식으로 만들기 때문에 하나하나 표정이 다른, 따스한 느낌을 준다. 마지막 공장이 이곳에 남아 있어 스무 명 남짓한 공예가가 그릇을 만들고 있다. 포슬린뮤지엄에서는 구스타프베리의 역사를 살펴볼 수 있고 지금은 단종된 빈티지 컬렉션도 볼 수 있다.

친구의 말대로 아름다운 마을이었다. 요트가 정박해 있는 항구를 따라 이런 곳에는 누가 살까 싶은 집을 기웃거리다 작은 숲을 지나 토끼가 풀을 뜯는 들판을 걸었다. 출출해져서 구스타프베리의 식당에 가서 푸짐하고 맛좋은 런치를 먹었다. 아웃렛에 들러 구경만 하는 무소유의 삶을 실천하려 했지만 가게를 나올 때는 야무지게 포장된 그릇이 손에 들려 있었다.

구스타프베리 아웃렛
Gustavsberg

- WAY Slussen역 지하 버스터미널에서 474번 버스 Villagatan역 하차
- ADD Chamottevägen 2
- TEL +46 8 570 356 63
- OPEN 월~금 10~18, 토·일 11~17
- WEB www.gustavsbergsporslinsfabrik.se

세 개의 숲과 두 번의 계절

디자인에 대해 잘 모르지만 보자마자 이것이 디자인구나, 란 생각이 들었다. 간결한 선으로 지어진 건물은 다른 세상으로 통하는 입구. 미술관으로 위장한 아름답고도 은밀한 통로를 지나자 우리는 숲에 도착해 있었다. 상쾌한 바람이 불어왔다. 소나무 숲 사이로 초록 공기가 일렁인다. 숲을 지나자 푸른 바다, 그리고 섬. 멀리 수평선에서 바람이 달려온다. 숲, 바다, 섬, 그리고 미술관. 세상의 아름다운 것이 모두 눈앞에 있다.

Artipelag는 '예술, 활기, 섬Art, Activities and Archipelago'을 의미하는 이름. 기업가 변 제콥슨Björn Jakobson이 자연과 예술을 함께 즐길 수 있는 미술관을 건축가 요한 뉘렌Johan Nyrén에 의뢰해 2000년 완공, 오픈했다. 미술관에는 근사한 식당이 있다. 날씨 좋은 날이면 모두 접시를 들고 청량한 햇살 아래 솔숲 사이 바다를 바라보며 느긋하게 식사를 한다. 그것이 스웨덴인들이 미술관, 혹은 숲을 즐기는 방법이다.

여름의 기억을 간직한 미술관을 어느 겨울날 다시 찾았다. 이삼일 전에 내린 눈은 도심의 거리에서는 사라졌지만 숲은 아직 순백의 세상이다. 침묵에는 색이 있다. 숲의 침묵은 조금씩 채도와 농도가 다른 흰색과 회색, 그리고

녹색을 조금씩조금씩 덧발라 완성한 농밀한 침묵이다. 포르르 새가 앉았다 날아오른 나뭇가지에서 눈이 흩날리고 햇살 조각이 부시게 쏟아졌다. 낮은 바람조차 숨죽여 가만히 머물렀다. 진한 녹색과 비둘기빛.
침묵의 색이다.

아티펠라그
artipelag

WAY 아티펠라그에서 운행하는 셔틀버스가 매일 시청 근처 Vasagatan24에서 11시, 12:15 출발. 돌아올 때는 아티펠라그에서 3:15, 4:30 출발 (요금은 갈 때 무료, 올 때 50SEK, 25분 소요) 대중교통 이용시 Slussen역 지하 버스터미널에서 474번 버스로 Gustavsberg centrum역 하차 후 468번 버스로 갈아탄 뒤 Hälluden역(Hälluden행 버스는 한 시간 간격으로 운행된다)
ADD Artipelagstigen 1
TEL +46 8 570 130 00
OPEN 11~17
FEE 미술관 입장은 무료, 특별전시관은 별도의 요금
WEB artipelag.se

드로트닝홀름 궁전
Drottningholms Slott

WAY 도심에서 17번·18번·19번 지하철로 Brommaplan역 하차, 역 앞 버스 정류장에서 176번·177번 버스로 Drottningholm역 하차 도보 5분, 또는 시청사 근처 부두에서 직행 페리(2시간 소요)
ADD Drottningholms slottsförvaltning
TEL +46 8 8402 6280
OPEN 궁전 내부 1월~3월·11월·12월 중순 토·일 10~16, 4월·10월 10~16, 5월~9월 10~17, 정원 24시간 개방
CLOSE 12월 중순~12월 말, 왕실 공식 행사시 (홈페이지 참조)
FEE 정원 무료, 궁전 내부 어른 130SEK, 학생과 7~17세 65SEK
WEB www.kungahuset.se

여왕의 양, 공평한 햇살

스웨덴의 저력은 어디에서 오는 걸까. 천연 자원과 복지 정책에서 오는 건가. 드넓은 궁전의 정원을 거닐고 나서 어렴풋이 짐작해본다. 잘 쉴 줄 아는 것, 작은 것을 소중히 하는 마음, 인간과 자연에 대한 존중. 어쩌면 그것에 기인할지도 모른다는 생각이 들었다. 여왕이 살고 있는 궁전에서 조깅하고 유모차를 밀며 산책하는 사람들, 여기저기 뛰노는 아이들, 세 시간째 같은 자리에 앉아 음악을 듣던 소녀. 그날의 화창한 날씨, 햇살, 바람, 공기를 한껏 느낄 수 있는 공간과 태도, 그리고 그것을 당연히 누려야 한다고 생각하는 마음. 그곳에선 여왕도 여왕의 양도 똑같은 햇살을 즐기고 있었다. 1600년대 엘레노라 왕비의 명으로 지어진 궁전은 왕실 여자들의 거처로 이용되다가 1981년부터 스웨덴 왕실의 정궁이 되었다. 정원은 하루 종일 무료로 개방된다.

태양과 여름의 섬

그곳엔 유독 강한 태양 빛이 내리쬐었다. 태양의 금빛 조각이 붉은 지붕과 푸른 물 위를 떠다녔고 짙은 숲의 그늘과 폭죽처럼 피어난 꽃과 보석처럼 반짝이는 블루베리를 어루만지고 돌아온 들쩍지근한 바람이 목덜미를 스치고 지나갔다. 꽃무늬 비키니를 입은 소녀가 천천히 물속으로 들어갔다. 사방에서 여름 냄새가 풍겨왔다. 그곳의 모든 것이 선명하고 또렷한 여름의 모습을 하고 있었다. 그런데 이상하게도 그곳을 떠올리면 빛이 너무 많이 들어간 필름 사진처럼 아련하다. 마치 깨어나고 싶지 않은 아름다운 꿈처럼.

박스홀름 스톡홀름 중앙역에서 14번 지하철로 Universitetet역 하차, 역 근처
Vaxholm 버스정류장에서 670번 버스로 Vaxholm Söderhamnsplan정거장

박스홀름은 과거 서쪽 바닷길을 지키는 요새였지만 지금은 푸른 해안을 따라 붉은 지붕을 얹은 여름 별장이 이어져 있는 아름다운 마을이다. 작고 한적한 마을은 여름에는 물놀이를 즐기는 사람들로 떠들썩해지고 근사한 디저트를 내는 카페와 작은 아이스크림가게가 북적이지만 여름이 물러가는 동시에 고즈넉한 곳으로 돌아간다.

테라스의 런치

점심을 먹으러 들어간 카페에는 온 동네 사람이 다 모여 있는 것 같았다. 감자 저장 창고를 개조한 근사한 건물의 1층에 편집숍을 함께 운영하고 있는 카페의 창 너머로 바다가 내다보였다. 화창한 날씨였으므로 당연히 사람들은 모두 테라스에 앉아 있었다. 깜짝 놀랄 만큼 저렴하고 푸짐한 런치 메뉴에 박스홀름산 맥주도 마셨다. 조금 알딸딸해서 바다를 내려다봤다. 태양은 눈부시고 바람이 상쾌하게 불어왔다.

비스트로
마가지넷
Bistro
Magasinet

WAY Vaxholm Söderhamnsplan 정류장에서 도보 5분
ADD Fiskaregatan 1
TEL +46 8 5413-2500
OPEN 일~목 11~20, 금 11~22, 토 11~자정
WEB magasinetwaxholm.se

여름의 카페

카페가 문을 열면 여름이 온다는 뜻이다. 창문을 열어젖혀 아직 미적거리는 겨울의 흔적을 말끔히 날려버린 뒤 따스한 햇살과 바닷바람을 불러 모은 방에 오븐이 데워지고 밀가루가 날리고 분주한 발자국 소리가 나더니 이윽고 달콤한 냄새가 풍겨나기 시작한다. 여름의 냄새, 축제의 냄새다. 사람들이 싱글벙글 웃으며 마당으로 모여든다. 태양과 빛과 바람과 열기와 웃음소리도 차례차례 카페를 찾아온다.

헴빅스고즈 카페 Hembygdsgärds Cafe

- WAY Vaxholm Söderhamnsplan 정류장에서 도보 7분
- ADD Trädgårdsgatan 19
- TEL +46 8 541 319 80
- OPEN 6월~9월 초 11~18, 5월 목~일 11~17
- CLOSE 9월 중순~4월(휴일과 영업시간은 종종 변경되니 페이스북에서 확인)
- WEB facebook.com/vaxholmshembygdsgardscafe

오래된 거리의 소녀들

파이를 잘한다는 가게가 있다 해서 시그투나에 가보았다. 파이를 먹으러 가는 긴 여행이 시작됐다.

시그투나는 980년에 세워진 스웨덴에서 가장 오래된 도시로, 옛 수도였다. 중세 시대의 교회와 수도원, 그리고 고대어인 룬 문자가 새겨진 룬스톤이 곳곳에 남아있는 유서 깊은 곳이다. 파스텔 색으로 칠해진 옛 건물이 조르르 들어서있는 스토라 가탄Stora Gatan 역시 오래된 거리다. 인포메이션 센터를 시작으로 숍과 식당이 아기자기하게 이어진다. 지금까지 내가 본 것 중 가장 귀여운 극장 앞에서 소녀들이 저녁에 볼 영화를 고르고 있고 그 앞을 소년들이 조금 의식하며 지나갔다. 거리를 지나 광장으로 나오니 옛 시청사 앞에서 막 결혼식을 올린 가족이 기념사진을 찍고 있었다.

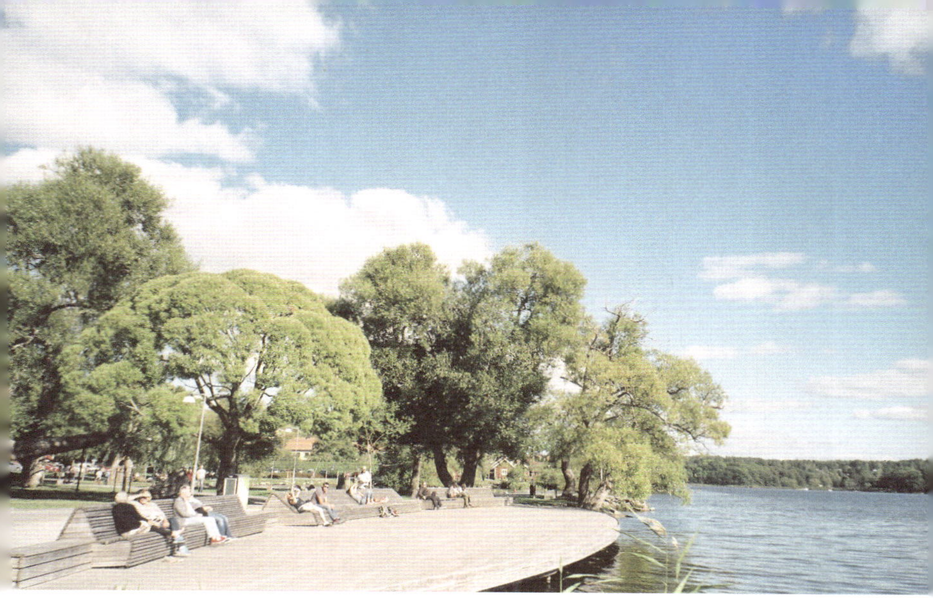

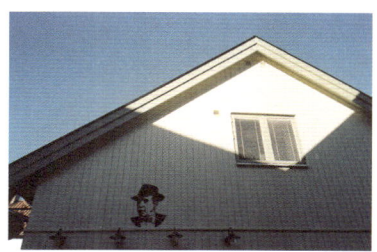

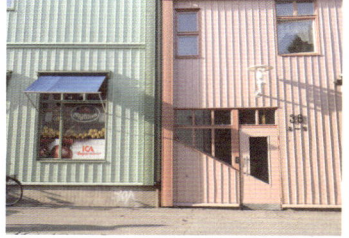

시그투나
Sigtuna

W A Y 스톡홀름 중앙역에서 통근 기차 펜델톡Pendeltåg을 타고 메르스타Märsta역 하차, 역 옆의 버스터미널에서 570번 버스로 환승한 뒤 Sigtuna Bus station 하차

걸음을 호숫가로 옮기자 물가를 따라 놓인 벤치에서 사람들이 한가롭게 볕을 쬐고 오리 떼가 반짝이는 물 위를 헤엄치고 있었다. 이런 곳에 살아도 좋겠다는 생각이 들었다. 조용하고 아름다운 곳이었다. 이제 파이를 먹으러 간다.

갈색 아줌마의 파이

탄트 브룬Tant Brun은 스웨덴의 동화작가 엘사 베스코브Elsa Beskow의 <초록아줌마, 갈색아줌마, 보라아줌마>에 나오는 갈색아줌마다. 초록아줌마는 정원을 아름답게 가꾸고, 갈색아줌마는 과자를 맛있게 굽고, 보라아줌마는 장미와 제비꽃을 멋지게 수놓았다. 아름다운 일러스트로 그려진 동화는 스웨덴인들에게 오랜 사랑을 받아왔다. 동화를 그대로 옮겨 놓은 듯한 카페 마당에 앉아 주문하니 갈색 앞치마를 입은 언니가 놋쇠 주전자를 들고 와 직접 커피를 따라준다. 아, 맛있어 보이는 파이다, 하며 포크를 들자 포로롱 날아온 참새가 테이블에 살짝 내려앉았다.

탄트 브룬
Tant Bruns
kaffestuga

WAY 시그투나 인포메이션에서 도보 1분
ADD Laurentii Gränd 3
TEL +46 8 592 509 34
OPEN 월~금 10~17, 토·일 10~18
WEB www.tantbrun-sigtuna.se

메아리의 끝

공기에서 희미한 가을의 기척이 느껴지지만 햇살은 뜨겁고 눈부셨다. 인디언서머의 나날이었다. 오이와 햄, 치즈와 올리브. 간소한 재료로 샌드위치를 만들고 사과 한 알도 챙겨 집을 나섰다. 소풍 가고 싶은 날이었다.

티레쇠 지하철 굴마스플란Gullmarsplan역 2층
Tyresö 에 있는 버스터미널에서 875번 버스로
        Tyresö skola역 하차 도보 5분
        Kyrkvägen 3

티레쇠는 숲과 호수로 둘러싸인 조용하고 아름다운 곳이다. 스톡홀름 시청사 벽면에 프레스코화를 남긴 유젠 왕자가 머물며 그림을 그리기도 했다. 유젠 왕자는 유독 빛과 하늘, 구름을 많이 그렸다. 도시의 사람들은 이곳에 여름 별장을 두고 휴가를 보내거나 주말에 가족들과 피크닉하러 즐겨 찾는다. 작은 티레쇠 궁을 지나자 완만한 언덕 아래로 잔잔한 호수가 펼쳐진다. 빛의 가루가 반짝이는 호수 건너 짙은 숲이 그 끝을 짐작할 수 없이 이어진다. 세상에는 아직 보지 못한 아름다운 것이 얼마나 많이 존재할까. 바람도 숨죽여 호수를 가만히 건넜다. 잔물결이 서서히 퍼져나갔다.

상냥한 낮잠

호수를 가로지르는 다리를 건너면 아주 귀여운 카페가 하나 나온다. 빨간 통나무집 카페 위로 초록 잎이 일렁이는 커다란 나무가 서 있고 단정한 잔디 위로 크고 작은 테이블과 의자가 넉넉하게 놓여 있다. 이마가 예쁘게 볕에 그을린 직원은 내가 주문을 마치자 뭘 잘한 것 같지도 않은데 퍼펙트, 퍼펙트 하며 활짝 웃어주었다. 퍼펙트, 퍼펙트라는 말은 마법의 주문처럼 카페와 카페 반경 1킬로미터 이내를 퍼펙트한 공기로 물들였다. 손님들은 늦게 나오는 음식에도 불평 없이 느긋이 기다리고 유난히 햇살이 환하게 머무는 것 같은 잔디는 생생한 초록색을 띠고 꽃은 흐드러지게 피어 달콤한 냄새를 따라 벌마저 퍼펙트하게 비행했다. 고개를 돌리면 짙푸른 숲과 수면이 반짝이는 호수가 끝없이 펼쳐져 있고 청아한 공기 속에 햇살 조각이 가볍게 떠다녔다. 호수 속으로 뛰어드는 아이들의 높고 맑은 웃음소리가 하늘 높이 퍼져나갔다. 바람이 부드럽게 불어왔다. 눈앞이 어룽어룽해지더니 설핏 잠이 들었던 것 같다. 몹시 좋은 꿈을 꾼 것 같은, 아주 짧고 다디단 잠이었다.

**카페
노트홀멘
Cafe
Notholmen**

WAY 지하철 굴마스플란Gullmarsplan역 2층에 있는 버스터미널에서 875번 버스로 Tyresö skola역 하차 도보 15분
ADD Slottsvägen, 135 60 Tyresö
TEL +46 8770 3550
OPEN 10~17(4월~9월), 11~16(10월~3월 주말에만 오픈)
CLOSE 월·화
WEB cafenotholmen.se

sweden

<u>finland</u>

estonia

norway

denmark

map

helsinki

알토 하우스

시벨리우스 공원

템펠리아우키오

호텔 헬카

누크시오국립공원

웨스트 터미널 - 탈링크라인

travel information

*국가 정보

<u>국명</u> 핀란드 공화국 Republic of Finland, Suomi
<u>수도</u> 헬싱키 Helsinki
<u>언어</u> 핀란드어, 사미어 및 기타
<u>면적</u> 338,145㎢
<u>인구</u> 약 549만 명
<u>통화</u> 유로(€)
<u>시차</u> 4월~10월은 6시간, 11월~3월은 7시간 한국보다 느리다.
<u>비자</u> 무비자로 90일간 체류 가능(쉥겐 조약 가맹국)

*날씨

6월~7월에는 밤늦게까지 해가 지지 않는 백야가, 한겨울에는 오후 두세 시면 해가 지는 극야 현상이 있다. 여행에 좋은 시기는 6월~9월, 해가 길고 날씨가 화창하다. 한여름에도 한국보다는 온도가 약간 낮은 편이고 아침저녁으로는 선선해서 긴팔 옷이나 겉옷을 챙겨가는 것이 좋다. 겨울은 길고 매우 추워 여행하기 다소 힘들지만 북부 지방에서 오로라를 볼 수 있다.

*핀란드까지 항공편

한국에서 핀란드까지 핀에어Finnair가 직항 운행하며, 비행시간은 약 9시간 30분 소요된다. 경유 항공편은 반타 공항에서 유럽 대부분 지역을 연결하는 항공편이 있다.

*반타 공항에서 시내 이동

<u>시내버스</u>
가장 저렴하나 시간이 많이 소요된다.
time table 24시간(615번), 5:15~1:05(415번)
time 약 50분~1시간 소요
cost 4.6€

<u>핀에어 버스</u>
운행 편수가 많고 빠르고 편리하다.
time table 공항→시내 5:45~1:10, 시내→공항 5~24
time 약 35분 소요
cost 6.8€

*시내 교통

교통수단으로 버스와 트램, 지하철이 있다. 시내 중심가는 도보로 이동 가능하다. 알토 하우스나 카이보 공원, 칼리오 등, 조금 거리가 먼 지역은 트램이나 버스로 이동하면 된다. 버스와 트램 티켓은 정류장 자판기에서 구입하거나 운전사에게 구입할 수 있는데, 자판기에서 구매할 때 조금 더 싸다.
트램·버스 공용 시내 1회권 : 판매기 구입시 2.8€, 운전사에게 구매시 4€
24시간 티켓 : 8€, 1일 추가시 4€

*환전
한국에서 유로화로 환전하고 신용카드를 함께 이용한다. 야외 마켓에서는 현금으로만 거래 가능한 노점도 있다.

Moi, Helsinki!

중앙역 앞에서 트램을 타고 잠시 달리자 창밖으로 쌍둥이 소녀 간판이 걸린 오렌지색 벽돌 건물이 보인다. 도착했다. 영화 <카모메 식당>에서 사치에 씨가 다니던 시장이다. 광장의 가판대에 붉은 링곤베리와 황금빛 칸타렐라 버섯이 단정하게 진열되어 있다. 청량한 햇살과 신선한 공기를 품은 숲의 선물들. 노천카페에 앉은 사람들은 느긋이 커피와 시간을 즐기고 있었다. 이곳이 좋아질 것 같은 예감이 들었다. 사람들은 저마다 도시와 친해지는 방법이 있다. 우리의 헬싱키는 시장으로 시작한다.

하카니에미는 현지인들이 즐겨 찾는 재래시장으로, 소박한 분위기를 지니고 있다. 광장에서는 신선한 식재료와 꽃을 팔고 실내 마켓에는 식재료점과 반찬가게, 빵집, 수프가게 등이 빼곡하다. 이층에는 아담하지만 디스플레이가 근사한 마리메코숍과 뭐가 있는지 주인도 기억 못할 것 같은 잡다한 기념품숍(하지만 이곳에서 빅쇼핑을 하고 말았다), 귀여운 책방, 빈티지 그릇 등을 파는 아기자기한 가게들이 이어진다.

하카니에미
마켓
Hakaniemen
Kauppahalli

WAY 3번·6번·7번·9번 트램으로 하카니에미 정류장
ADD Hämeentie 1a
TEL +358 9 3102 3560
OPEN 월~금 8~18, 토 8~16
CLOSE 일요일
WEB www.hakaniemenkauppahalli.fi

온기를 담은 한 그릇
수프 가게 soppakeittiö

핀란드인의 수프 사랑은 대단하다. 생김새는 소박하지만 신선한 재료를 듬뿍 넣어 푹 끓여낸 수프 한 그릇이면 속이 든든하고 온몸이 훈훈해진다. 바로 그 따스한 기운으로 핀란드인들은 길고 혹독한 겨울을 견뎌내는 것이다. 늘 사람들이 줄서 있는 작은 수프 가게 소파케이티오soppakeittiö는 하루 세 종류의 수프를 판다. 낯선 이와 테이블을 나누며 수프 한 그릇을 먹는다. 앞에 앉은 무뚝뚝한 인상의 아저씨가 내 앞으로 빵 바구니를 슬쩍 밀어준다. 마음이 살며시 따스해지고 만다. '빵과 수프의 나날'이 시작된다.

다정한 찻집
cafe parhiala

시장 이층의 구석에는 지친 다리를 쉬기 딱 좋은 다정한 찻집이 하나 있다. 카페라기보다는 찻집이라고 부르고 싶은 곳이다. 그곳에 앉아 보면 그 이유를 알게 될 것이다.

구름이 지나가는 서점

거대한 빛의 우물에 들어앉은 듯 아늑했다. 고개를 젖혀든 순간 아득해졌다. 높은 천장에서 연노란 빛줄기가 쏟아져 내린다. 공중을 부유하던 햇살이 단정하게 진열된 책 위에 나붓이 내려앉았다. 무엇이든 손에 들고 읽고 싶어진다. 이쯤이면 좋겠다 싶은 위치에 편안한 소파와 간결한 의자가 기다렸다는 듯 놓여 있다. 서점은 책을 위한 공간이자 사람을 위한 공간임을 문득 깨닫는다. 알바 알토 씨, 당신 굉장하군요. 아카데미넨 서점은 '기능과 아름다움의 조화, 그리고 자연'으로 압축되는 알바 알토의 건축미가 고스란히 재현된 곳이다. 천창은 겨울이 긴 핀란드의 기후를 고려해 빛을 최대한 끌어들이기 위해 제작된 것으로, 펼친 책 모양을 하고 있다. 빛 속에서 기분 좋은 울림이 느껴진다. '느끼어 마음이 움직임'. 우리는 그것을 감동이라고 한다.

아카데미넨 서점
Akateeminen
Kirjakauppa

WAY 스토크만 백화점 옆 위치
ADD Pohjoisesplanadi 39
TEL +358 20 760 8999
OPEN 월~금 9~21, 토 9~19, 일 11~18
WEB www.akateeminen.com

여행하는 이유

사진으로 수도 없이 본 풍경을 확인한 것에 불과한데 어째서 이렇게 마음에 드는 걸까.
카페는 홀로 커피를 앞에 두고 독서삼매경에 빠져 있거나 점심을 먹으며 담소를 나누는 사람들로 가득했다. 물론 카메라를 들고 사치에 씨와 미도리 씨의 흔적을 찾는 관광객도 있다. 영화 <카모메 식당>에서 두 주인공이 처음 만나 함께 갓차맨 주제가를 부른 곳이 바로 카페 알토. 맛있는 커피와 커피에 어울리는 디저트, 간소하지만 충실한 한 끼가 되는 메뉴와 상냥한 서비스. 알바 알토의 골든벨 조명이 머리를 비추고 아르네 야콥센의 앤트체어에 앉아 있다. 심플한 찻잔과 접시는 아라비아 제품이다. 이것만으로도 흡족하다. 하지만 그게 다는 아니다. 무언지 모를 공기가 공간 안에 흐르고 있다. 그것은 - 이 아름다운 공간을 존중하는 마음, 그리고 꼭 보고 싶었던 곳에 정말로 왔다는 설렘. 사소하지만 소중한 마음이 살며시 맴돌고 있다. 직접 가서 그 자리에 앉아보기 전에는 알 수 없다. 그래서, 우리는 여행하는 것이다.

카페 알토 W A Y 아카데미넨 서점 2층에 위치
cafe aalto T E L +358 9 121 4446
　　　　　 O P E N 월~금 9~21, 토 9~19,
　　　　　　　　 일 11~18
　　　　　 W E B www.cafeaalto.fi

도시의 랜드마크

헬싱키의 랜드마크 중 하나인 스토크만 백화점. 무뚝뚝해 보이는 건물이 매일 그 앞을 지나치다 보니 어느 새 친근하게 느껴졌다. 의류부터 가구와 인테리어 용품, 주방 용품과 그릇까지, 헬싱키 디자인을 한눈에 볼 수 있다. 우리는 주로 지하 식품관과 1층의 델리숍, 맨 위층 파제르 카페에 들렀지만.

스토크만   W A Y 중앙역에서 도보 5분
백화점   A D D Aleksanterinkatu 52
Stockmann T E L +358 9 1211
           O P E N 월~금 9~21, 토 9~19, 일 11~18
           W E B info.stockmann.com

핀란드 국민 요정

늘 시답잖은 농담만 하는 삼촌이 어느 날 부엌에 트롤이 숨어 산다고 했다. 트롤의 이름은 음, 그러니까…… 무민 같은 거려나. 삼촌의 말에 한 치의 의심도 없었던 어린 소녀는 자신의 눈에는 보이지 않는 무민 트롤의 기척을 늘 살피며 어떻게 생겼나 상상에 상상을 거듭했다. 그 소녀는 바로 토베 얀손. 무민을 탄생시킨 작가다. 미묘하게 하마를 닮은 두루뭉술한 무민은 토베 얀손이 귀여워했던 자신의 여동생을 모델로 했다고 한다. 고독하고 쓸쓸한 숲의 기척을 느낄 수 있으며 유머와 철학적인 사색으로 가득한 이 아름다운 동화를 좋아한다. 귀여운 무민 가족과 방랑자 스너프킨과 바른말 잘하는 꼬마 미 등, 독특한 개성 넘치는 친구들을 하나하나 흠모했다. 그래서 무민 숍에 갔다는 얘기다. 핀란드 어디에서나 무민 캐릭터를 만날 수 있지만 포럼Forum 쇼핑몰 2층에 무민 공식 매장이 있다. 문구류부터 가방, 그릇과 컵, 과자와 커피 등, 각종 무민 캐릭터 제품을 판매한다. 핀란드의 서쪽 도시 난탈리에는 '무민 월드'가 있는데 6월~8월 여름철과 2월 한 주만 문을 연다.

무민 숍
Moomin
Shop

WAY 중앙역에서 도보 5분
ADD Mannerheimintie 20
TEL +358 4 0192 0720
OPEN 월~금 9~21, 토 9~18, 일 12~18
WEB www.moomin.com

저 아래 바다와 시장, 갈매기

핀란드는 오랫동안 스웨덴과 러시아의 지배를 받다 1917년에 독립했다. 우스펜스키 성당은 제정 러시아 시대인 1868년에 러시아 건축가에 의해 비잔틴 슬라브 양식으로 지어졌다. 붉은 성당은 암석으로 덮인 작은 언덕 위에 서있다. 저 아래로 오렌지색 천막이 늘어선 카우파토리 마켓과 노란 햇살이 흩뿌려진 발트해가 내려다보인다. 고개를 들자 저 멀리 헬싱키 대성당이 하얗게 빛났다.

우스펜스키
성당
Uspenskin
Katedraali

WAY 카우파토리에서 다리 건너 도보 5분
ADD Kanavakatu 1
TEL +358 9 634 267
OPEN 화~금 9:30~19, 토 10~15, 일 12~15
CLOSE 월요일

아리도록 푸른

제정 러시아의 황제였던 알렉산드르 1세는 독일의 건축가 카를 엥겔을 불러 '헬싱키를 상트페테르부르크와 똑같은 도시로 만들라'고 명령했고 성당이 자리하고 있는 원로원 광장Senaatintori이 그 계획의 시작이었다. 헬싱키 대학교와 정부청사, 국립도서관 등 신고전주의 양식의 건물들이 광장을 둘러싸고 있다. 1852년에 러시아 정교회의 대성당으로 만들어진 헬싱키 대성당은 지금은 루터란 교회의 성당으로 쓰이고 있다. 계단을 올라가니 귀여운 관광 열차가 달리는 원로원 광장이 내려다보인다. 멀리 눈을 돌리자 저만치 아리도록 푸른빛이 달려든다. 언덕을 내려가면 아름다운 바다에 닿는다.

헬싱키 대성당
Helsingin
Tuomiokirkko

- WAY 중앙역에서 도보 20분
- ADD Unioninkatu 29
- TEL +358 9 2340 6120
- OPEN 6월~8월 9~24, 9월~5월 9~18

중앙역 Rautatieasema

떠나는 설렘과 도착하는 안도감이 교차하는 늘, 신선한 긴장감이 떠도는 곳, 기차역. 도시의 중심에 위치해 거의 매일 그 앞을 지나쳤던 헬싱키 중앙역은 핀란드의 건축가 엘리엘 사리넨Eliel Saarinen의 설계로 1917년 러시아로부터 독립하던 해에 완공되었다. 핀란드 철도청 마스코트인 거인상이 건물을 든든하게 지키고 있다.

에스플라나디 공원 Esplanadi Park

공원이 있어 도시는 더욱 아름다워진다. 볕 좋은 날이면 공원은 광합성하려는 사람들로 가득 찬다. 공원 양 옆으로 이어진 예쁜 숍과 카페를 구경하며 걷다 보니 초록 잔디 끝에 푸른빛이 보인다. 공원을 산책하다 바다를 만난다는 건 얼마나 낭만적인 일인가.

바다 옆 시장

아름다운 바다를 끼고 열리는 시장이 있다.

채도가 다른 푸른빛이 만나는 수평선으로부터 불어오는 바람과 청량한 햇살, 굽고 볶고 튀겨내는 소리와 냄새, 흥정 소리와 흥성거림. 정성을 다해 진열한 것이 분명한 가판대와 그래서 더욱 신선해 보이는 과일과 채소들. 조금 비싸긴 하지만 직접 손으로 떠서 예쁘고 따뜻하다며 상냥하고 아름다운 영어로 말씀하시던 귀여운 할머니들에게 털장갑을 사서 내내 잘 끼고 다녔다. 도시의 인상을 만드는 것은 여러 요소가 있지만 활력을 담당하는 것은 역시 시장이다.

카우파토리
Kauppatori

W A Y 에스플라나디 공원에서 도보 15분
A D D Eteläranta
T E L +358 9 310 23550
O P E N 8~18, 일 10~17
C L O S E 야외마켓은 겨울의 일요일
W E B vanhakauppahalli.fi

마켓 광장 끝에는 아름다운 벽돌 건물이 하나 있다. 올드마켓 반하카우파할리 Vanha Kauppahalli 는 1888년에 문을 연 이래로 헬싱키 시민들의 사랑을 받아온 실내 시장이다. 두 개의 복도를 따라 신선한 식재료와 빵과 수프 등을 파는 가게들이 들어서 있다. 그중 스토리 Story라는 카페가 마음에 들어 몇 번이나 갔다. 수프와 연어샌드위치를 먹기도 하고 커피에 시나몬롤을 먹으며 창밖을 한참 바라보았다. 창 너머는 고요하고 아름다운 발트해. 발트해는 하얀 바다라는 뜻이다.

자작나무의 방

헬싱키에 간다면 묵고 싶은 숙소가 있었다. 호텔 헬카. 알토의 가구와 조명이 있는 곳. 창으로 스며든 햇살이 자작나무 패턴이 은은하게 그려진 벽을 부드럽게 어루만졌다. 아르텍 체어에 앉아 하루가 지날 때마다 그만큼의 속도로 친밀해지는 거리를 창밖으로 내려다봤다. 알토의 조명이 비추는 테이블에 앉아 간소하지만 만족스러운 아침을 먹었다. 조용히 차오르는 흥분을 가라앉히기 위해 진한 커피 한 잔을 천천히 시간을 들여 마셨다. 좋은 숙소가 반드시 좋은 여행을 만들어주는 것은 아니지만 여행의 만족도를 높이는 건 분명하다. 좋은 숙소란 별의 개수나 타인의 리뷰로 정해지는 것이 아니다. 자신의 취향에 부합하는 곳이 아마도 좋은 숙소일 것이다. 오래된 건물을 개조해 1969년 문을 연 호텔은 낡고 오래된 흔적이 있다. 그러나 내게는 더할 나위 없는 숙소였다. 헬카는 실용적이고 아름답다.

호텔 헬카 　WAY　중앙역에서 도보 15분
Hotel Helka　ADD　Pohjoinen Rautatiekatu 23
　　　　　　TEL　+358 9 613 580
　　　　　　WEB　www.helka.fi

위로와 안식의 집

자신을 드러내는 표시나 흔적은 희박했다. 야트막한 언덕 아래 어느 동물이 겨울잠을 자기 위해 마련해둔 굴처럼 아늑하게 숨어 있었다. 어둠을 밀고 들어가자 한겨울을 뚫고 찾아든 여린 햇살 같은 빛이 머리 위를 살며시 감쌌다. 빛을 따라 부드러운 피아노 소리가 조용히 퍼졌다. 꿈을 꾸고 있다고 생각했다.

템펠리아우키오 교회는 1969년 건축가 티모Timo와 투오모 수오말라이넨Tuomo Suomalainen 형제가 자연적으로 놓여 있던 기반암의 속을 숟가락으로 파내듯이 깎아 동굴처럼 만든 암석 교회다. 교회의 지붕은 그대로 언덕으로 이어져 아무런 위화감도 느끼지 못할 정도로 풍경에 완전히 녹아들어 있다. 이곳을 아우르는 종교는 아무래도 자연인 것 같다.

템펠리아우키오 교회
Temppeliaukio

WAT 2번 트램 Sammonkatu에서 하차
ADD Lutherinkatu 3
TEL +358 9 2340 6320
OPEN 월~토 10~17, 일 12~17
FEE 3€

오로라의 미술관

전시보다 건물이, 건물보다 스며드는 햇살이 기가 막히게 아름다운 미술관, 키아스마. 부드럽게 휘어지는 복도를 따라 달팽이관처럼 빙글빙글 휘감아 오르는 계단. 어둡고 진한 그림자 너머에 필시 신비롭고 아름다운 것이 숨어 있을 것 같아 두근거린다. 마침내 눈부시게 쏟아지는 빛. 전시실은 빛의 위치와 양에 따라 시시각각 다른 모습으로 변한다. 빛과 공기와 바람이 흐르듯, 전시는 유연하고 세련되면서 위트가 넘친다. 미국의 건축가 시티븐 홀 Steven Holl이 직선과 곡선을 과감하게 이용하고 핀란드 특유의 빛을 끌어들여 지은 미술관은 마치 살아 있는 듯하다. 창밖으로 멀리 푸른 호수와 은빛 자작나무 숲과 청량한 하늘의 스펙트럼이 펼쳐진다. 키아스마Kiasma는 눈의 시신경이 뇌의 중추에 도달하기 바로 전, 교차하는 부분이라는 뜻이다.

키아스마
Kiasma

WAY 중앙역에서 도보 10분, 중앙 우체국 옆에 위치
ADD Mannerheiminaukio 2
TEL +358 2 9450 0501
OPEN 수~금 10~20:30, 화·토 10~18
일 10~17
CLOSE 월요일
FEE 학생 13€, 어른 15€ (18세 이하 무료,
매달 첫째 금요일 무료)
WEB kiasma.fi

빙하, 호수와 자작나무

키아스마에서 멀리 보였던 호수를 향해 걸어가 본다. 저만치 시리도록 푸른 바다 위, 하얀 빙하 조각 같은 아름답고 신비로운 건물이 보인다. 핀란디아 홀이다. 핀란디아 홀은 알바 알토의 설계로 1971년 완성된 문화센터로, 개관 이후 많은 국제회의와 음악회가 열렸다. 이름은 핀란드의 국민 음악가 시벨리우스가 1899년에 작곡한 '핀란디아'에서 따왔다. 핀란디아 홀 안에 카페 베란다Café Veranda라는 근사한 카페가 있다. 카페에 앉으면 은백의 자작나무로 둘러싸인 아름다운 툴루라티 호수가 눈앞에 펼쳐진다. 하얗게 나뭇잎이 반짝이고 수면에 은빛 비늘이 일렁인다. 바람이 스쳐 지나간다. 핀란드 국민은 백 명 당 한 개의 호수를 가지고 있다.

핀란디아 홀
Finlandia Hall

WAY 키아스마에서 도보 5분
ADD Mannerheimintie 13
TEL +358 9 40241
OPEN 9~19
CLOSE 카페 베란다 토·일요일 휴무
WEB www.finlandiatalo.fi

작고 오목한 둥지

그 안에 있는 건 침묵의 음악과 따스한 위로.
좋은 기운을 나눠주는 공간이 있다. 효능 좋은 온천 같은 곳, 상처 입은 날 찾아들고 싶은 둥지와도 같은 곳, 누에고치 속처럼 따스하고 포근하여 엄마 품속에 안긴 것 같은 기분이 드는 곳. 캄피 교회에 앉으면 꼭 그런 기분이 든다. 도심 한가운데 나무로 지은 둥지 같은 교회에 앉자 번잡함과 소음은 멀리 물러나고 자작나무가 빽빽한 숲속, 깊고 고요한 침묵이 감싼다. 숨결은 가지런해지고 심장으로부터 조금씩조금씩 온몸에 온기가 퍼져간다. 나오는 길에 부드럽게 곡선을 그리는 벽을 살며시 쓰다듬어 봤다. 햇볕의 형태가 희미하게 남아 있었다.

캄피 교회
Kamppi Kappeli

WAY 중앙역에서 도보 10분
ADD Simonkatu 7
TEL +358 5 0578 1136
OPEN 월~금 8~20, 토·일 10~18
WEB helsinginseurakunnat.fi

자작나무 숲을 지나, 호수

호젓한 자작나무 숲을 걷는다. 바람이 머리 위로 하얀 물결을 일으킨다. 나뭇잎이 서로 맞부딪치며 작은 파도 소리를 낸다. 바람이 불어오는 곳에 핀란드의 부드러운 숲과 호수를 닮은 은빛 기념비가 서있다. 핀란드의 자연을 사랑했던 시벨리우스에게 어울리는 곳에 그를 위한 공원이 살며시 자리잡고 있다. 시벨리우스에 대한 국민들의 사랑은 열렬하여 심지어 정부는 작품 활동에 방해가 되지 않도록 그가 살고 있는 집 근처에서는 자동차 경적을 울리지 못하게 하고 집 위로 비행기가 날지 못하도록 했다고 한다. 그래서 아마도 시벨리우스는 '처음 내리는 눈의 냄새가 나는' 아름다운 교향곡을 완성할 수 있었는지도 모르겠다. 공원은 고요한 호수로 이어진다. 모든 것이 잊힐 정도로 투명한 호수를 마주하고 앉았다.

시벨리우스 공원 " ^ ˇ 중앙역에서 24번 버스로 Sibeliuksenpuisto 정류장
Sibeliuksen puisto

너와 함께 걷고 싶어

막 여름이 떠나간 도시의 가을은 성큼 지나 하루하루 숲의 색은 진해지고 물빛은 투명해지고 있어. 자작나무가 둘러싼 호숫가를 하루 종일 말없이 걷다 멀리 보라색으로 물드는 파르스름한 저녁 하늘을 바라보면 갑자기 가슴이 마구 뛰어. 내가 핀란드에 정말 와보고 싶었다고 말한 적 있던가? 혹시 말했더라도 다시 한 번 말하고 싶어. 아름다운 이곳에 너와 함께 오고 싶어.

좋은 곳에서 떠오르는 사람에게 엽서를 쓴다. 우체국 안에는 귀여운 무민 엽서와 편지지가 가득해서 뭘 고를지 즐거운 고민에 빠진다. 봉투와 우표에마저 무민이 그려져 있다. 별 건 아니지만 좋아해줬으면 하고 열심히 고른 선물을 마리메코 패턴이 그려진 소포 상자에 정성스럽게 담는다. 헬싱키 중앙 우체국의 스탬프가 찍힌 엽서와 소포가 하늘을 날아, 그리운 사람에게 간다.

헬싱키 우체국
Posti Postitalo

WAY 중앙역 바로 옆
ADD Elielinaukio 2
TEL +358 20 07 1000
OPEN 월~금 8~20, 토 10~16, 일 12~16
WEB www.posti.fi

One chair is enough

먹는 것 외에는 도통 욕심이라곤 없는 나도 아르텍 매장에 들어서자마자 욕망이 들끓었다. 그 안에 있는 모든 것을 고스란히 내 집에 옮겨오고 싶었다. 아르텍은 알바 알토와 그의 아내 아이노 알토, 그리고 동료들이 1935년에 만든 가구 회사다. 예술과 기술이라는 두 단어를 조합해 만들어진 Artek이라는 이름처럼 아르텍의 제품들은 실용성과 아름다움이 절묘하게 조화되어 있다. 나무 합판을 여러 장 접착해 구부려 만든 부드러운 곡선의 다리가 달린 스툴60 Stool60은 아르텍의 간판스타. 아르텍 매장의 디스플레이는 흥미롭다. 단지 가구를 팔기 위한 디스플레이가 아니라 내 집에 어떻게 두고 활용할지에 대한 상상력을 유발한다. 단지 가구 한 점을 소유하는 것이 아니라 내 삶을 어떻게 변화시킬 수 있는지에 대해 이야기한다. 그것이 여전히 아르텍이 핀란드인들의 열렬한 사랑을 받는 이유일 것이다.

아르텍
Artek

WAY 스토크만 백화점 맞은편
ADD Keskuskatu 1
TEL +358 10 617 3480
OPEN 월~금 10~19, 토 10~18
CLOSE 일요일
WEB www.artek.fi

오래된 초콜릿 과자점

사르르 녹아내릴 듯 부드럽게 춤추는 글씨체의 로고, 파제르는 핀란드의 국민 초콜릿이다. 스토크만 백화점 근처에 위치한 파제르 카페는 120년 넘게 헬싱키 시민의 사랑을 받아오고 있다. 쌀쌀한 날씨를 핑계로 우리는 일단 수프를 먹었다. 런치 수프 뷔페 역시 파제르의 인기 메뉴로, 세 종류의 수프와 매장에서 구운 빵을 즐길 수 있다. 물론 그 다음에는 시그니처 메뉴인 부다페스트 케이크를 먹고 초콜릿도 맛볼 셈이다.

파제르 카페
Fazer cafe

WAY 스토크만 백화점 부근
ADD Kluuvikatu 3
TEL +358 20 729 6702
OPEN 월~금 7:30~22, 토 9~22, 일 10~18
WEB www.fazer.fi

노스텔지어의 케이크

이 도시라고 소리소문 없이 문 여닫는 가게가 없을까. 부침 많은 거리 한편에서 묵묵히 자리를 지키고 있는 성실한 카페는 도시의 작은 역사가 된다. 1852년에 문을 연 에크베르그는 헬싱키에서 가장 오래된 카페다. 토요일 늦은 오후의 카페는 사람들로 가득차 있었다. 늦은 점심을 먹는 가족들과 다정한 연인들, 창가 자리에서 담소하는 할머니들. 그러니까 백여 년 전에도 카페는 여전한 얼굴로 손님을 맞았고 부모와 함께 와 케이크를 먹던 아이는 지금 저 자리에 초로의 노인이 되어 앉아 있는지도 모른다. 삶 속의 작은 기쁨, 혹은 위안이 되었던 케이크를 먹으며.

에크베르그 카페
Ekberg cafe

- WAY 3번·6T번 트램으로 Fredrinkatu역
- ADD Bulevardi 9
- TEL +358 9 6811 860
- OPEN 월~금 7:30~19, 토·일 9~17
- WEB www.cafeekberg.fi

고민 많은 시장

여름이면 매일 히에타라하티 광장에 빈티지 벼룩시장이 열린다. 8시부터 장이 서기 시작해 네다섯 시쯤 파장한다. 벼룩시장의 묘미는 가격이다. 아라비아의 오리지널 빈티지 그릇에 매겨져 있는 숫자가 아니라 내 마음 속에서 매겨지는 숫자에 의해 구매가 결정된다. 가격이란 그런 것이다. 지극히 애매하지만 반면 확고한 '뭔가'가 마음을 건드려야만 지갑을 열게 된다. 이 정도면 괜찮으려나, 가 아니라 이건 무슨 일이 있어도 사야만 돼, 의 아우성이 들려야만 한다. 그러니까 그날은 절 데려가세요, 란 간절함을 듣지 못해 결국 아무것도 사지 못했다는 이야기. 너무 매몰찼나 하는 아쉬움의 눈물을 찔끔 흘리며 발길을 돌린다. 광장에 있는 실내 마켓에는 맛있는 햄버거를 파는 로스룬드Lihakauppa Roslund라는 근사한 식당이 있다.

히에타라하티 마켓
Hietalahden
Kirpputori

WAY 중앙역에서 6T 트램으로 Hietalahden Tori역
ADD Lönnrotinkatu 34
OPEN 실내마켓 월·화 8~18, 수·목 8~20, 금·토 8~22
CLOSE 실내마켓은 일요일 휴무

카모메 식당의 휴일

카이보 공원Kaivopuisto의 언덕을 오르자 푸른 발트해와 바다 건너 작은 섬이 내려다 보였다. 바다를 끼고 잠시 걷자 눈에 익은 건물이 나타났다. 영화 <카모메 식당>에 나왔던 카페 우르슬라다. 영화의 주인공들처럼 멋지게 바다를 바라보며 야외 테이블에 앉고 싶었지만 세찬 바람에 밀려 유리 건물 안으로 들어가 연어 수프와 카렐리야를 주문했다. 카렐리야는 호밀로 만든 반죽에 쌀을 채워 넣은 핀란드 전통 빵으로 모양만큼이나 맛도 소박하지만 씹다보면 이거 은근히 맛있잖아 하는 느낌이 든다. 마치 무뚝뚝해 보이지만 다정한 핀란드인처럼. 나는 카페가 마음에 들었다. 하루 종일 수많은 사람들이 찾을 텐데도 카페의 직원은 친절하고 분위기는 여유로웠고 음식은 맛있었다. 어느 것이 제일 좋았냐 하면- 창밖으로 살짝 눈을 돌리면 알게 된다.

카페
우르슬라
Cafe Ursula

WAY   1번·3번 트램으로 Kaivopuisto역
ADD   Ehrerströmintie 3
TEL   +358 9 652 817
OPEN   9~18
WEB   www.ursula.fi

디자인 디스트릭트

Design District

큰길을 따라 예쁜 숍이 줄지었다. 길모퉁이를 살짝 돌면 역시나 감각적인 가게가 나타났다. 하루 종일 걸어도 피곤한 줄 몰랐다. 저 골목 안은 또 뭐가 있을까 흥분돼서 도무지 걸음을 멈출 수 없었다.

여행의 테마 같은 걸 정하는 야무진 여행자와는 영 거리가 멀지만 헬싱키에서는 어쩌다 보니 테마 비슷한 걸 갖게 되었다. 디자인 여행. 알바 알토를 따라가는 여행, 또는 아라비아와 이딸라, 마리메코를 따라가는 여행 등으로 테마는 좀더 세분화된다. 그리고 디자인 디스트릭트를 걷는 여정을 빼놓을 수 없다. 디자인 디스트릭트는 핀란드 정부에서 지원하는 디자인 특구로, 우덴만카투Uudenmaankatu를 중심으로 25개 거리의 디자인숍과 부티크, 편집숍, 박물관, 갤러리, 공방, 스튜디오 등 약 200여 개의 장소가 해당된다. '디자인 디스트릭트 헬싱키'라는 글씨가 쓰인 동그란 스티커는 디자인 포럼 핀란드에서 지정한 곳이라는 표시다. 거리를 다 둘러볼 시간이 없다면 웹페이지 designdistrict.fi를 검색해 원하는 숍의 정보와 위치를 확인할 수 있다. 숍에서 무료로 배포하는 '디자인 디스트릭트 워킹 루트 맵'을 얻을 수 있다. 하지만 지도나 명확한 목적 없이도, 이 거리를 걷는 것만으로 행복하고 즐거워진다. 디자인이란 그런 것이다.

페이퍼숍 Papershop

아기자기한 가게 안에는 포스터와 엽서, 카드, 수첩, 다이어리와 모빌 등, 종이로 만들 수 있는 모든 물건들이 가득했다. 가게 한편에는 디자이너의 작업실이 함께 있어 희미하게 잉크 냄새가 풍겼다. 프린트가 예쁜 포장지를 몇 장 구매하니 귀여운 종이가방에 담아 주었다. 자매가 함께 만들고 운영하는 곳이라고 한다.

ADD Fredrikinkatu 18
TEL +358 45 359 9319
OPEN 10~18, 토 11~16
CLOSE 일요일
WEB papershop.fi

요한나 글릭센 Johanna Gullichsen

-이거 말이야, 좀 투박하지 않냐. 튼튼해 뵈긴 하지만 어쩐지 무뚝뚝하잖아. 아무래도 지나치게 심플해.

아, 이것은 모두 거짓말. 갖고 싶은 욕망을 꾹꾹 누르는 여우의 신 포도 같은 거짓부렁. 핀란드의 유명한 섬유직물 디자이너 요한나 글릭센Johanna Gullichsen의 제품은 심플하고 실용적이며 우아하고 감각적이며 아름답다.

```
A D D   Erottajankatu 1
T E L   +358 9 637 917
O P E N  10~18, 토 11~16
C L O S E  일요일
W E B   www.johannagullichsen.com
```

카우니스테 kauniste

핀란드의 숲에 들어간 기분이었다. 식물과 동물을 모티브로 한 아름다운 프린트를 이용한 패브릭 제품과 인테리어 소품, 문구류 등을 판매한다. 우리는 홀린 듯 이곳에서 빅쇼핑을 하고 말았는데 몇 번이나 계산해보던 볼이 빨간 귀여운 직원은 책은 택스 리펀드에서 빠지는 품목이라 아슬아슬하게 택스 리펀드가 안 된다며 너무도 미안하고 안타까워했다. 뭐, 괜찮아요. 예쁜 걸 잔뜩 샀잖아요, 힝.

ADD　Fredrikinkatu 24
TEL　+358 50 373 0111
OPEN　11~18, 토 11~16
CLOSE　월요일
WEB　www.kauniste.com

로칼 LOKAL

로칼의 간판에는 72% ART, 28% Coffee + design, crafts, Books 라고 쓰여 있다. 북유럽 디자인은 얼마나 덜어낼 수 있는가, 그리고 얼마나 자연적인가가 관건이다. 미니멀하지만 어딘지 모르게 느껴지는 온화한 기분. 언젠가 살아보고 싶은 공간을 마음속에 그려본다. 가게 한편에서 향긋한 커피 냄새가 풍겨왔다.

ADD Annankatu 9
TEL +358 9 684 9818
OPEN 11~18, 토 11~16, 일 12~16
CLOSE 월요일
WEB www.lokalhelsinki.com

모모노 momono

모모노는 빈티지 제품, 일상잡화, 문구류 등이 가득 모여 있는 숍. 셀렉트의 포인트는 단 한 가지. 유머가 있는 것. 부드러운 울림이 좋아서 붙였다는 가게 이름인 모모노는 일본어로 도야桃野, 복숭아 농장이라는 뜻이다. 빈티지 손잡이를 모으고 있는 우리는 작고 귀여운 도자기 손잡이를 몇 개 샀다. 이로써 우리에겐 치앙마이와 오키나와, 헬싱키의 손잡이가 생겼다. 그렇게 사소하지만 소중한 여행의 추억이 차곡차곡 쌓인다.

ADD Yrjönkatu 1
TEL +358 40 726 5004
OPEN 11~18, 토·일 12~16
WEB www.momono.fi

오타바 책방 OTAVA kiryakauppa

레드 카펫처럼 이어진 계단을 따라 오르니 나타난 아지트 같은 공간. 감각적인 숍 사이에 숨어있는 근사한 서점이라니 기뻐지고 말았다. 서점보다는 책방이라는 말을 좋아하는 나는 이 서점도 굳이 책방이라고 부르고 싶은데 이 숨어있기 좋은 아늑한 공간에 딱 어울렸기 때문이다. 120년 넘게 책을 만들어온 핀란드의 유명 출판사 OTAVA가 운영하는 서점이다. 아치형 창문으로 부드러운 햇살이 스며드는 그곳에, 조금 더 머물고 싶었다.

ADD Uudenmaankatu 10
TEL +358 50 3100586
OPEN 10~18
CLOSE 토·일
WEB otava.fi

하겔스탐 헌책방 C.Hagelstam Antikvariaatti

두 거리가 교차하는 길모퉁이 작은 헌책방, 하겔스탐은 무엇이든 가득 쌓여 있던 다락방이 떠오르는 곳. 아름다운 포스터와 고서가 진열되어 있는 쇼윈도 안, 천장에서 바닥까지 가득 쌓인 책을 지나, 책방 깊숙한 곳에는 필시 보물이 숨겨져 있을 것만 같다. 무민 시리즈의 초판본이라던가, 희귀한 지도와 세밀화나 토베 얀손의 일러스트 카드 같은 것 말이다. 헌책방에는 근사한 서랍장이 한 개쯤은 있고 서랍을 열어보면 반드시 흥미진진한 것이 들어 있다.

ADD Fredrikinkatu 35
TEL +358 9 649 291
OPEN 11~18, 토 11~16
CLOSE 일요일
WEB cecilhagelstam.com

니데 북스토어 nide kirjakauppa

미술관처럼 디스플레이가 감각적인 서점에는 웬일인지 한국 가요가 흐르고 있었고(심지어 처음 들어보는 가요였다) 몽상에 흠뻑 빠져 있는 주인을 살짝 지나 계단을 몇 개 올라 다른 세상으로 가는 좁은 통로를 지나니. 반가워. 무민이 기다리고 있었다.

```
A D D   Fredrikinkatu 35
T E L   +358 50 460 0337
OPEN    10~19, 토 10~17
CLOSE   일요일
W E B   www.nidekauppa.fi
```

다정한 시나몬롤

카운터 뒤 벽에 붙어 있는 사진을 소심하게 찍고 있는 내게 주인이 물었다.
-이 영화를 아나요?
-그럼요. 영화 때문에 이곳에 왔는 걸요.
주인이 기쁘다는 듯이 미소 지었다.
영화 <카모메 식당>의 무대였던 식당 카빌라수오미가 이름을 라빈톨라 카모메Ravintola kamome로 바꿔 새로 오픈했다. 새 주인은 헬싱키에서 오랫동안 거주해오던 일본인 오가와 씨로 영화의 분위기를 잇고 싶었다고 한다. 미트볼과 연어스테이크 등의 핀란드 요리와 오니기리와 미소수프 같은 일본 요리가 사치에 씨의 솜씨처럼 정성스럽게 나온다. 물론 시나몬롤도 있다.

카모메 식당 Ravintola kamome
- ADD   Pursimiehenkatu 12
- TEL   +358 9 657 422
- OPEN 월~목 11~21, 금·토 11~22
        (점심 메뉴 11~15, 저녁 메뉴 17시부터)
- CLOSW 일요일
- WEB   kamome.fi

핀란드 숲과 호수의 맛

핀란드 음식은 단조롭고 심지어 요리랄 게 없다는 악평에 시달리는데 어찌된 일인지 우리는 헬싱키에서 내내 와, 맛있잖아, 를 입에 달고 다녔다. 의외의 즐거움을 선사하는 미각의 도시, 우리에게는 그랬다. 유리Juuri는 미슐랭도, 현지인도 추천하는 레스토랑. 예약은 필수인 인기 있는 곳이다. 핀란드의 숲과 호수, 바다에서 나는 재료를 다양한 방법으로 조리한 핀란드식 타파스인 '사파스'가 유명하다. 우리는 쓰리 코스로 구성된 런치 메뉴를 먹었는데 접시가 나올 때마다 와아, 하는 작은 탄성을 질렀다. 플레이팅마저 아름다운 요리는 신선하고 풍부하며 놀라웠고 즐거웠다. 런치 메뉴는 가격마저 훌륭하다.

유리 Juri

ADD Korkeavuorenkatu 27
TEL +358 50 4398 465
OPEN 월~금 11:30~14:30, 17~23, 토 12~23, 일 16~23
WEB juuri.fi

호텔 인디고 헬싱키 블러바드
Hotel Indigo Helsinki Boulevard

W A Y 헬싱키 중앙역에서 도보 15분
A D D Bulevardi 26
T E L +358 9 4784 0102
W E B helsinki-boulevard.hotelindigo.com

레몬색 빛이 스며드는 아침

길모퉁이를 돌면 기분 좋은 카페가 있어 커피 한 잔 사들고 슬슬 산책하다 가보고 싶었던 숍을 우연히 발견하게 되는 거리의 숙소에 묵는다는 건 얼마나 즐거운 일인가. 쇼핑을 하고 짐을 두려고 잠시 들르면 로비의 근사한 의자가 등을 내주었다. 청결하고 아늑한 방 안에 마련된 에스프레소 머신으로 내린 커피를 마시며 내일은 어디 갈까, 하고 계획을 세우다 그냥 방 안에서 빈둥거려도 좋겠구나 하는 생각을 했다.

칼리오

Kallio

도시에는 그런 곳들이 꼭 있다. 원래 노동자들이 모여 살던 곳이라 집값이 저렴했기에 주머니 사정 넉넉지 않은 학생들과 젊은 예술가들이 모여들어 그들의 취향에 맞는 공간이 하나둘 생기다보니 어느덧 힙한 거리가 되었다는 장소. 칼리오가 바로 그런 곳이다. 쓰레기장에서도 보물을 찾아내는 안목과 마이다스의 손을 가진 멋쟁이들의 거리답게 칼리오에는 근사한 빈티지숍과 앤티크숍, 세컨핸드숍이 많다. 수준 높은 커피를 내는 감각적인 카페도 여러 곳 있다. 칼리오 공원 주변의 특색 있는 바와 식당들은 주중에는 주민들의 조용한 쉼터로, 주말에는 힙스터들이 모여 활기가 넘친다.

인형의 집, 다락방

우리가 묵는 숙소에서 길을 건너면 예쁜 숍이 하나 있었다. 트램 역에서 가까웠던 숍을 우리는 아침저녁으로 드나들었다. 갈 때마다 인형의 집을 하나하나 열어보는 듯이 즐거웠다. 프리다 마리나는 50~80년대 핀란드 빈티지 의상과 액세서리를 판매한다. 주인인 마리아 씨가 셀렉한 질 좋은 세컨핸드 의류나 리폼한 의상이 멋쟁이들에게 인기다. 가게 한편에는 독특한 소품을 파는 숍인숍 뭉크 빈티지 MOONK VINTAGE와 귀여운 카페도 있다.

프리다 마리나
Frida Marina

WAY 중앙역에서 3번 · 9번 트램 Kaarlenkatu역
ADD Kaarlenkatu 10
TEL +358 50 3810418
OPEN 화~금 11~19, 토 11~17
CLOSE 일·월
WEB www.facebook.com/fridamarinahelsinki

유쾌하고 근사한

60~70년대의 주방 용품과 그릇, 인테리어 소품과 빈티지 조명 등을 주로 판매하는 반하 카아알의 주인은 유쾌하다. 브라질에서 온 남자는 핀란드의 아리따운 아가씨를 만나 헬싱키의 거리에 정착해서 빈티지 숍을 차렸다. 아내와 무민을 무척 사랑한다고 한다.

반하 카아알
Wanha Kaarle

- WAY 중앙역에서 3번·9번 트램 Kaarlenkatu역
- ADD Kaarlenkatu 12
- TEL +358 50 598 1084
- OPEN 월~금 12~18, 토 12~16
- CLOSE 일요일
- WEB www.wanhakaarle.fi

보물을 찾는 가게

소용이 다해 누군가의 손을 떠난 물건이 새로운 주인을 만나 소중한 보물이 되는 곳. 세컨핸드숍 키르피스 예이드는 옷과 주방 용품, 그릇과 잡화 등을 판매한다. 아라비아의 빈티지 찻잔과 캐서린홀름의 냄비 사이에서 망설이는 즐거운 시간. 고민 끝에 다음날 갔더니 팔리고 없었다는 슬픈 기억.

키르피스 예이드
Kirppis Jade

- WAY 중앙역에서 9번 트램 Fleminginkatu역
- ADD Aleksis Kiven Katu 30
- TEL +358 45 638 1232
- OPEN 화~금 11~18, 토·일 10~15
- CLOSE 월요일

너에 대해 말하자면

숙소 호스트인 수비에게 집 근처에 갈 만한 좋은 곳을 추천해 달라고 했다. 수비는 우리에게 뭘 좋아하냐고 물었다. 잠시 생각해보다 책, 숲, 그림, 맛있는 커피와 음식, 그리고 조용한 곳이라고 대답했다. 그러자 루플라에 가보라는 대답이 미소와 함께 돌아왔다. 갤러리 같은 공간에 커피 냄새가 은은하게 풍겨왔다. 주중에는 수프와 신선한 유기농 채소, 빵으로 차려내는 푸짐하고 저렴한 런치 뷔페와 주말 아침의 브런치가 인기, 그 시간에는 카페에 빈자리가 거의 없다. 카페 한편에는 헬싱키 디자이너들이 디자인한 옷과 액세서리를 판매하는 숍도 함께 있다.

루플라
rupla Kallio

WAY 중앙역에서 9번 트램 Helsinginkatu역
ADD Helsinginkatu 16
TEL +358 50 468 4334
OPEN 월~금 8~18, 토·일 11~17
WEB rupla.fi

날씨의 여신, 길모퉁이 카페

헬싱키에서의 나날은 쌀쌀하기는 했지만 늘 청량해서 이번에는 '날씨의 여신'이 우리 손을 들어주나 했는데, 방심했구나 싶었던 순간이 딱 한 번 있었다. 갑자기 먹구름이 짙게 몰려들더니 굵은 빗방울이 떨어지기 시작하자마자 비가 퍼부었다. 그때 기다렸다는 듯이 눈앞에 나타난 카페. 무작정 달려 들어갔는데 알고 보니 힙하기로 소문난 곳이었다. 초록 식물이 곳곳에 놓인 하얗고 예쁜 카페에서 동네 주민들이 공간을 나누어 앉아 각자의 시간을 즐기고 있었다. 상냥하고 아늑한 이곳에서 커피 한 잔을 느긋이 마시고 나자 거짓말같이 눈부신 햇살이 비쳐들었다. '날씨의 여신'은 쭉 우리 편이다. Kulmakuppila는 길모퉁이란 뜻이다.

아이피아이 카페
IPI Kulmakuppila

WAY 중앙역에서 3번 트램 Karhupuisto역
ADD Porthaninkatu 13
TEL +358 45 616 4776
OPEN 월~금 8~20, 토 11~16
CLOSE 일요일
WEB ipikulmakuppila.fi

Avoid, Bad Life

여행지에서 우연히 들어간 식당이 알고 보니 맛집이거나 화장실이 급해서 뛰어 들어간 카페에 힙스터들이 가득했다는 둥의 '여행의 여신'이 손을 들어주는 일은 박복한 우리 자매에게는 극히 드문 일인데 헬싱키에서는 몇 번 있었다. 아침에 숙소 주위를 산책하다 들른 작은 카페는 알고 보니 핀란드 바리스타 챔피언이 헬싱키에서 제일 맛있는 커피를 내려주는 곳이었다. 혹시 그동안 '여행의 여신'은 일찍 일어나는 여행자만 도와 왔던 게 아닐까……. 커피는 정신 번쩍 나게 맛있었다.

굿라이프 커피
Good Life Coffee

WAY 중앙역에서 3번·9번 트램 Kallion virastotalo역 도보 4분
ADD Kolmas Linja 17
TEL +358 50 380 8961
OPEN 월~금 8~18, 토 9~16
CLOSE 일요일
WEB goodlifecoffee.fi

잠깐 빌려 쓴 따뜻한 공간
에어비앤비

동네 산책만으로도 즐거운 곳에 며칠을 살았다. 우리가 뭘 했냐면. 아침이면 잠시 집 주변을 걷다 맛있는 커피를 한 잔 사서 과일과 빵으로 간소하지만 든든한 아침을 차려 먹고 외출했다 돌아와 시장에서 사온 수프를 데우거나 파스타를 삶아 저녁을 준비했다. 작은 양초를 컨 테이블에 앉아 맥주나 차를 마시며 오늘 찍었던 사진을 함께 보며 킥킥대다 내일은 또 어디 가볼까, 하고 두런두런 나누는 대화들. 이상하게도 낯설지 않은 편안한 밤이 깊어갔다. 아라비아와 이딸라 그릇과 무민 컵이 선반 가득 가지런하고 핀레이손의 패브릭으로 꾸며져 있던 이 볕 잘 드는 하얀 집에서 가장 많이 한 것은. 창가에 앉아 멍하니 거리를 내다보는 것. 그게 참, 좋았다.

증기와 열기의 밤

핀란드까지 왔는데 사우나는 한번 해야지, 하는 야무진 계획 같은 건 없었다. 계획에도 없던 일이라 몇 가지 준비를 해야 했다. 우선 욕실에서 수건 한 장씩을 챙겨 슬리퍼를 끌고 안마당을 열 걸음인가 걸었다. 안마당만 건너면 바로 사우나가 있었다. 그것도 이름만 대면 헬싱키 사람들은 다 아는 유명한 사우나. 사우나 밖에서 가운 차림으로 벌겋게 달아오른 얼굴로 후후 입김을 내뿜으며 이야기를 나누던 아저씨들이 웰컴, 웰컴하며 문을 열어주었다. 왓! 긴장했지만 이후로는 우리나라 목욕탕 시스템과 똑같았다. 샤워를 간단히 하고 사우나실로 들어가자 안은 수증기로 자욱했다. 희미하게 나무 냄새가 났다. 화덕에 물을 뿌려도 되냐고 물으며 증기 천국을 만들어놓은 캐나다에서 왔다는 여행자는 십 초 만에 항복 선언하고 도망치듯 사우나실에서 나갔고 남은 건 동네 주민 두 명과 우리뿐. 자, 우리도 찜질방에서 맥반석 계란 좀 까본 사람이에요. 차가웠던 몸이 구석구석 따뜻해지고 노곤노곤해진다. 핀란드 사우나에 빠져들 것만 같다. 하지만 사우나의 나라 사람들은 역시 당해낼 수 없더군요. 대신 세상에서 제일 맛있는 맥주를 만나게 되었다. 그것은 바로 사우나 후에 바로 마시는 맥주.

알란 사우나
Sauna Arlan

WAY 중앙역에서 3번 트램 Kaarlenkatu역
ADD Kaarlenkatu 15
TEL +358 9 719218
OPEN 수~금 15~21:30, 토·일 14~21:30
CLOSE 월·화
FEE 12€
WEB arlansauna.net

푸 발릴라　　WAY　6번·6T 트램 Hauhon puisto역
Puu Vallila　　　　도보 7분
　　　　　　　ADD　Vallilantie 거리

일상과 비일상의 어디쯤

평일 아침의 거리는 깨끗하고 고요하다. 산뜻하게 칠한 파스텔색 목조 주택이 가지런히 아침 햇살에 빛나고 있다. 사람 없는 한적한 주택가를 걷는 기분이 묘하다. 일상의 공간이 내게는 비일상의 시간이 된다. 내가 여행자임을 문득 실감한다. 푸Puu는 핀란드어로 나무라는 뜻이다. 거리에는 핀란드가 독립한 직후 지어진 목조 건물이 늘어서 있다. 원래는 도심 노동자 거주지였던 곳에 지금은 젊은 예술가와 학자 등, 오래된 독특한 분위기의 집을 좋아하는 사람들이 모여들며 새로운 커뮤니티가 형성되었다. 날씨 좋은 날이면 마당에 새 주인을 기다리는 물건을 내놓는 백야드세일이 집집마다 열린다. 온 동네가 축제처럼 흥겨워진다.

실험적인 닭갈비

까르사마타 지역은 원래 도축장이 있던 거리다. 이곳의 오래된 도축장 건물을 근사한 식당으로 변모시킨 켈로할리는 요즘 가장 핫한 곳이다. 신선하고 질 좋은 식재료로 창의적인 음식을 내는 런치 뷔페가 소문나 있다. 해서 찾아간 그날의 메인 요리는 무려 '한국식 닭갈비'. 곁들여내는 십여 가지 음식 중에는 콩나물샐러드도 있었다. 익숙한 닭갈비와는 상당히 다른 맛이었지만 몹시 즐거운 식사였습니다. 늘 바지만 입던 친구가 어느 날 갑자기 원피스를 입고 나타났는데 그게 상당히 예뻐서 깜짝 놀란 느낌이랄까요.

켈로할리 Kellohalli

- WAY 6번·6T번·8번 트램으로 Lautatarhankatu
- ADD Työpajankatu 2
- TEL +358 50 339 5400
- OPEN 월~금 11~14
- CLOSE 토·일
- WEB www.kellohalli.fi

그것이, 집

여느 때보다 아침 일찍 숙소에서 나섰다. 오늘은 헬싱키 여행 중 가장 고대하던 날이다. 도심을 빠져나간 트램이 한참을 달려 단정한 주택가에 멈췄다. 알바 알토의 집에 찾아가는 길이다. 1936년 알토가 설계하고 아내인 아이노가 내부를 꾸민 알토 하우스는 2002년부터 공개되어 정해진 시각에 가이드와 함께 돌아볼 수 있다. 거실과 서재의 경계 부분에 멈춰선 가이드는 자세히 보지 않으면 잘 눈치 채지 못할 벽의 문을 가리키며 벽 뒤에 작은 다락방이 있다고 했다. -알바 알토는 간혹 만나기 싫은 손님이 오면 이 다락방으로 숨었다고 합니다. 그렇게 커다란 사람이 어떻게 이런 작은 방에 숨었는지 미스테리지만요. 가이드는 지금 생각해도 재밌다는 듯이 허스키한 소리로 웃어댔다.

알토 하우스
The Aalto House

WAY 4번 트램 Laajalahden aukio역 도보 5분
ADD Riihitie 20
TEL +358 9 481 350
OPEN 가이드 투어 8월 매일 12~16(한 시간 간격)
5월~7월·9월 화~일 12~16(한 시간 간격)
2월~4월·10월~11월 화~일 13~15(한 시간 간격)
1월·12월 화~금 13시, 토·일 13~15(한 시간 간격)
자주 변경되니 홈페이지 참조
CLOSE 월요일(8월은 무휴)
FEE 어른 20€, 학생 10€, 18세 이하 무료
WEB www.alvaraalto.fi

알토의 집은 건축가의 집답지 않게 소박하다. 아니, 알토의 건물은 대개 그렇다. 기교나 허세 같은 건 전혀 없다. 잠시 둘러본 이 햇살 잘 드는 집에서 살던 사람의 기척이 느껴진다. 알토가 설계도를 그리다 잠시 내다봤을 창밖 풍경, 아내의 화장대를 비추는 아름다운 조명, 추운 날 온 가족이 둘러앉았던 난롯가. 무언지 모를 따스한 기분이 든다. 그것은 아마도 숨어들고 싶은 작은 공간을 둘 줄 아는, 일상생활에 대한 세심한 배려 때문이 아닐까. 기능적이면서도 건축만이 할 수 있는 이야기와 유머와 몽상과 꿈이 반영된 공간, 주위 풍경이나 지형과 자연스럽고도 아름답게 어우러지는 공간, 기후와 풍토를 고려한 슬기로운 아이디어가 방안 구석구석까지 미쳐 있지만 조금도 그것을 의식하지 못할 정도로 자연스러운 공간. 해가 지면 돌아가고 싶고 피곤한 몸을 누이고 다시 살아갈 힘을 얻는 곳, 그 안에서 꿈과 미래를 그려보는 공간을 우리는 집이라고 부를 수 있지 않을까. 마지막으로 나는 서재에 잠시 머물렀다. 그러니까 당신은 진짜 대가였군요. 조용히 말하자 벽 뒤에서 알토의 나지막한 웃음소리가 들린 것 같았다.

그리고, 빛

알바 알토의 집 근처에는 알토의 건축 사무소가 있다. 50년대 이후 몰려든 프로젝트의 작업 공간을 마련하기 위해 1955년에 지어진 스튜디오는 지금은 알토 재단의 사무실로 이용되고 있다. 햇살이 가득 쏟아지는 사무실을 보니 이런 곳에서라면 아이디어가 마구 솟아오를 것만 같았다. 사무실과 이어진 거실은 부드러운 곡선의 벽과 너른 창을 통해 정원 풍경이 파노라마처럼 한눈에 들어온다. 이곳에서는 이런 대화가 오갔을 것 같다.
-저기, 매키넨 씨 댁 침실 창은 조금 위아래를 길게 내면 어떨까.
-나도 마침 그 생각 중이었어. 빛을 맞아들이는 창문이라면 멋지겠지.

알토 스튜디오
Studio Aalto

WAY 4번 트램 Laajalahden aukio 역 도보 5분
ADD Tiilimäki 20
TEL +358 9 481 350
OPEN 가이드 투어 5월~9월 11:30, 12:30, 13:30
2월~4월, 10월~11월 화~금 11:30, 토·일 11:30, 12:30, 12월·1월 화~일 11:30
CLOSE 월요일(8월은 무휴)
FEE 어른 18€, 학생 9€, 18세 이하 무료
WEB www.alvaraalto.fi

밝고 사랑스러워

누군가는 할머니 같다고도 하고 누군가는 너무 과하다고 하고 누군가는 그릇이나 패브릭 정도는 괜찮지만 옷은 줘도 입을 수 없다고 말하지만. 고백하자면 마리메코를 몹시 좋아한다. 나는 본래 소심하고 수줍은 성격이지만 화려하다 못해 불타는 듯 이글거리는 우니꼬(양귀비) 패턴으로 몸을 휘감고 싶은 정열이 내 마음 어딘가에 내재되어 있었던 것이다. 마리메코는 '마리의 드레스'라는 예쁜 이름. 이곳에서 우리는 언젠가 뚝딱뚝딱 가방이나 옷을 만들 금손이 되고 싶다는 소망을 담은 패브릭 한아름과 쌍둥이 아기 조카에게 줄 원피스와 누가 봐도 마리메코인 줄 바로 알아챌 수 있는 원피스를 저기, 30% 세일은 놓쳐선 안 된다고, 라는 합리적인 이유를 대며 구매한 뒤 매장 한편에 있는 식당, 마리토리Mari-tori로 달려갔다. 마리메코 옷을 입은 직원들 사이에 앉아 런치 뷔페를 먹었습니다.

마리메코 아웃렛
Marimekko
Herttoniemi Outlet

- WAY   Junatie역에서 58번 버스
  Puusepänportti역 도보 5분
- ADD   Kirvesmiehenkatu 7
- OPEN   월~금 10~18, 토 10~17
  일 12~16
- WEB   www.marimekko.com

오후 네 시, 반짝이는 기억의 파편

담아내는 음식이나 분위기에 따라 테이블 세팅하는 살뜰한 성격은 아니지만 내 그릇장 속에는 터키의 자기 공방과 프로방스의 벼룩시장에서 산 크고 작은 볼과 포지타노에서 산 우묵한 오렌지색 접시와 파리 빈티지마켓에서 산 커트러리와 레이스 장식이 섬세한 흰 접시, 일본에서 산 냅킨과 나무 주발, 치앙마이에서 산 빈티지 유리컵 등이 가지런히 놓여 있다. 집에 손님이 왔거나 나를 위로하고 싶은 우울한 어느 날, 화사하고 아름다운 그릇을 꺼낸다. 과일을 씻어 담고 빵을 잘라 접시에 담으며 그릇을 샀던 시장 모퉁이와 거리의 환하고 나붓한 햇살을 떠올린다. 기억의 조각이 남아 있어, 아직은 설렌다. 아라비아 팩토리는 1874년 세워진 공장으로 현재는 가동을 중단했지만 건물 안에는 아라비아와 이딸라 아웃렛과 박물관이 있다. 이 외에도 피스카스, 로열 코펜하겐, 빌레로이앤보호, 로스트란드, 핀레이손 등의 매장이 입점해 있다.

아라비아 팩토리
Arabia Factory

W A Y 6번·8번 트램 Arabiankatu역 도보 3분
A D D Hämeentie 135
T E L +358 2 043910
O P E N 뮤지엄 화~금 12~18, 토·일 10~16(월 휴관)
　　　매장 월~금 10~20, 토 10~17, 일 10~16
W E B arabia.fi

천천히 스미는, 기쁨

핀란드에서 뭐가 좋았냐고 물으면 공기라고 하겠다. 청량함. 그것을 핀란드에 있는 내내 느꼈다. 바람도, 하늘도, 햇살도 맑고 푸르렀다. 그 다음으로 뭐가 좋았냐고 물으면 호수라고 하겠다. 고요한 호수를 둘러싼 자작나무 아래를 걷다 문득 고개를 들어 올려다 보면 호수를 닮은 하늘이 담담히 펼쳐져 있었다. 수줍지만 속 깊고 다감한 핀란드인들의 조상은 호수에서 나온 것이 분명하다. 또 좋은 것을 물으면 시장과 소박한 음식, 감각적인 숍, 거리를 달리는 트램 그리고 알바 알토와 무민, 마리메코. 아아, 그 이름만으로 가슴이 뛴다. 하지만.

핀란드에서 제일 좋았던 것을 묻는다면 숲이라고 하겠다.

누크시오 국립공원
Nuuksio
Kansallispuisto

WAY 헬싱키 중앙역에서 에스포Espoo역까지 통근 열차로 이동한 뒤, 역 앞 버스 정류장에서 245A번 버스 타고 종점 회그백카Högbacka역 도보 7분
WEB www.nationalparks.fi/nuuksionp

나뭇잎이 마주치는 소리, 아리도록 푸른 공기, 빽빽한 나무.
핀란드를 생각하면 이 순간이 떠오를 것 같다.

sweden

finland

<u>estonia</u>

norway

denmark

● 뚱뚱이 마가렛 탑
● 릭스웰 올드 타운 호텔
● 성 올라프 교회
● 넬 야네 포더
● 디푸 투르크
발틱역
● 텔레스키비
● 에프 훈
● 파트쿨리 전망대
● 카페 마이아스모크
● 카탈리나 골목
● 툼페아 성
오마 아시
● 지지
비트
라타스카이브 16
시의회약국 ● 에스티 캐시튀에 코두
● 툼 교회
● 라에코야 광장
●인포메이션 센터
● 툼페아 포스트 오피스
● 라마투코이
● 알렉산더 네프스키 대성당
● 호텔 배런즈

old city

탈린항 ●

map
tallinn

travel information

*국가 정보

국명 에스토니아 공화국 Republic of Estonia
수도 탈린 Tallinn
언어 에스토니아어
면적 45,228㎢
인구 약 125만 명
통화 유로(€)
시차 4월~10월은 6시간, 11월~3월은 7시간 한국보다 느리다.
비자 무비자로 90일간 체류 가능(쉥겐 조약 가맹국)

*날씨

대륙에 접하고 있어 차고 습하며 겨울이 길고 매섭게 춥다. 겨울에 탈린의 항구는 1개월 이상 얼어붙고 나라 전체가 눈으로 덮여 약 3개월 동안은 녹지 않는다. 봄에는 비가 적고 9월에 가장 많이 온다. 한여름에는 30도 이상 기온이 상승하고 일교차가 심하다. 낮이 길고 날씨가 좋은 4월~8월까지가 여행의 적기. 겨울에는 방한복과 방수가 잘 되는 신발을 준비하는 게 좋다.

*헬싱키에서 페리로 이동 방법

탈린크 실야 라인 Tallink Silja Line
편리하고 쾌적하게 이동할 수 있어 가장 많이 이용된다. 헬싱키 시내 웨스트 하버West Harbour에서 출발
time table 7:30부터 하루 8회 운영
time 약 2시간 소요
web 본사 www.tallinksilja.com, 한국 공식 대리점 www.siljaline.co.kr

바이킹 라인 Viking Line
하루 2~3회 운행한다. 헬싱키에서 카타야노칸Katajanokan 페리 터미널에서 승선
time table 오전과 오후 하루 2차례 운행, 여름에는 3회 운행
time 약 2시간 30분 소요
web 본사 www.sales.vikingline.com, 한국 지점 www.vikingline.co.kr

린다 라인 Linda Line
탈린까지 이동 시간이 가장 짧지만 배가 작아 흔들림이 심한 편이고 날씨에 따라 결항되기도 한다. 마카시니Makasiini 터미널에서 승선
time table 하루 5~6회 운행
time 약 1시간 30분 소요
web www.lindaliini.ee

*항구에서 올드타운 이동
항구에서 올드타운까지 도보로 10~15분 소요

*시내 교통

올드타운 내부와 성벽 바깥 Depoo Turg까지 도보로 이동 가능하다. 신시가지나 먼 거리로 이동할 때는 버스와 트램을 이용한다. 버스와 트램 티켓은 기사에게 직접 구입하면 된다. 1회권 2€

*환전
한국에서 유로화로 환전하고 신용카드를 함께 이용한다.

탈린

Tallinn

배를 타고 중세의 도시에 도착했다. 푸른 바다를 두고 헬싱키에서 배로 두 시간 거리일 뿐인데 공기, 온도, 언어와 풍경, 심지어 사람들의 표정도 다르다. 우리가 항구에서 올라탄 것이 배로 보이는 타임슬립의 장치가 아니었나 하는 의심이 든다. 대개는 하루 일정으로 탈린의 구시가를 돌아보고 헬싱키로 돌아간다고 한다. 우리는 이곳에서 밤과 낮, 아침, 그리고 운이 좋으면 노을과 별도 볼 것이다.

오래된 광장의 법칙
라에코야 광장 Raekoja Plats

오래된 도시 한가운데에는 반드시 광장이 있고 광장 복판에는 대개는 분수나 동상이 있어, 이 광장을 중심으로 이리저리 뻗은 길을 걷다보면 박물관, 시청, 궁전이라든가 하는 것들이 나오고 틀림없이 오랜 명성을 유지하고 있는 식당이나 카페가 있어, 일단 광장을 찾는 것이 관건이라는 게 길치인 우리가 유럽의 도시들을 여행하며 터득한 나름의 요령인데, 탈린의 올드 타운 역시 그랬다. 단정한 돌길을 따라 한동안 걷자 광장이 나왔다. 11세기 도시가 만들어진 이후 주변 강대국의 침략으로 부침 많았던 역사와 그로 인해 고통 받았으나 끝내 살아남은 시민들의 삶을 이 광장은 묵묵히 지켜보았을 것이다. 14세기에 지어진 구시청사가 굽어보는 광장 주변으로는 레스토랑과 숍이 들어서있다. 여름에는 광장 가득 노점상이 들어서고 11월 말부터 크리스마스마켓이 열린다. 파란색 시티투어 열차가 천천히 광장을 달린다. 오래된 도시의 아름다운 광장은 사람을 불러 모은다.

실연의 묘약

내게는 다발성 실연 증후군을 지닌 후배가 하나 있는데, 물론 후배는 습관성 연애 중독증도 함께 앓고 있다. 사랑과 열정이 많은 사람이 대개 그러하듯, 이 친구는 감탄할 정도로 온몸에 기운이 넘쳐나 마치 한여름의 이글거리는 태양 같은데 갑자기 늦가을 벌판의 해바라기처럼 시들시들해지는 때가 있으니 그건 물어볼 필요도 없이 실연의 증상이다. 그때마다 술과 밥을 사며 그전 것과 똑같은 것 같지만 미묘하게 다른 연애와 실연의 과정을 수없이 들어주며 위로해야 했으니. 후배를 위해 이 약국을 찾았다.

시의회약국 WAY 라에코야 광장
            ADD Raekoja plats 11
Raeapteek   TEL +372 631 4860
            OPEN 10~18
            CLOSE 일요일
            WEB www.raeapteek.ee

1422년에 문을 열어 10대째 운영해오고 있는 약국은 고양이 피와 물고기의 눈, 두꺼비의 뒷다리와 도롱뇽 꼬리, 박쥐의 혀와 뱀의 이빨로 만든 만병통치약으로 유명하고, 유니콘 뿔로 만든 정력제는 불티나게 팔려 그 때문에 유니콘이 멸종됐다고 하는 이야기가 전해 내려오는데…… 어디까지나 전해 내려오는 이야기일 뿐이겠죠. 일단은 실연의 묘약을 샀습니다.

오래된 카페의 우아함

오래된 도시의 우아한 품격은 바로 그 도시의 오랜 주인들에게서 나온다. 1864년에 문을 연 이래 한 자리에서 여전히 사랑받고 있는 카페 역시 도시의 표정을 담당하고 있다. 유모차에 실려 이 가게를 처음 찾았던 아이는 성인이 되어 자신의 아이와 다시 찾고, 또 시간이 흘러 유년 시절 처음 먹었던 케이크를 유년의 손자와 나눠 먹기도 할 것이다. 오래된 카페가 지닌 우아한 맛을 천천히 음미해본다.

카페 마이아스모크
Kohvik
Maiasmokk

- WAY 라에코야 광장에서 도보 3분
- ADD Pikk 16
- TEL +372 646 4079
- OPEN 월~금 8~21, 토·일 9~21
- WEB www.kohvikmaiasmokk.ee

아주 작고 좁고 붉은 집

'하얀 빵'이라는 이름의 거리 모퉁이, 지붕이 뾰족한 아주 작은 붉은 집 안에는 숲에서 얻은 나무로 만든 더 작은 집과 땅속에서 얻은 돌로 만든 앙증맞은 집들이 옹기종기 모여 있어, 평소 집을 모으고 있는 나는 기뻐서 탈린의 집 몇 채를 구입하게 되었다. 이로써 내게는 스웨덴과 핀란드, 프로방스와 치앙마이, 그리고 탈린의 집이 생겼다. 물론 다 모형입니다만. Oma Asi는 '나의 것'이라는 뜻, 에스토니아 예술가와 디자이너들의 유니크한 제품을 판매한다.

오마 아시
Oma Asi

- WAY 라에코야 광장에서 도보 1분
- ADD Saiakang 4
- TEL +372 56 500 792
- OPEN 월~목·일 10~19, 금·토 10~20
- WEB www.omaasi.com

유령의 결혼식

오래된 도시의 골목에는 수많은 전설이 전해 내려온다. 15세기 탈린에는 전염병이 돌아 수많은 사람들이 죽어갔다. 전염병을 막기 위해 시민들은 우물에 살아있는 고양이들을 던져 넣었지만 전염병이 그치기는 커녕 물이 썩어 냄새가 진동했고 결국 우물을 막을 수밖에 없었다. 그로부터 얼마 뒤 우물 뒤편에 위치한 건물 꼭대기에서 밤마다 소란스러운 소리가 들려왔고 유령들의 소행이라는 소문이 퍼져 사람들은 건물 근처에 얼씬도 하지 않았다. 하지만 어느 어두운 밤, 억누를 수 없는 호기심, 또는 술이 준 과도한 용기, 그때 마침 떠오른 유난히 붉은 보름달의 이상스러운 기운 때문인지 꼭대기 방을 엿보고자 하는 모험가들이 속출했고 다음 날 어김없이 창백한 얼굴로 쓰러진 채 건물 앞에서 발견되었다. 발견 당시 겨우 숨이 붙어 있던 한 남자는 악마들의 결혼식을 봤다는 말을 힘겹게 내뱉고 죽었다. 그 뒤로 방은 굳게 잠기고 창문은 안에서 벽돌로 막아 놓았다. 지금도 건물의 3층 맨 왼쪽 창문은 벽돌로 막혀 있다. 그곳이 바로 Rataskaevu 16번지다. 건물은 현재 번지수를 이름으로 하는 식당으로 운영되고 있다. 친절한 서비스와 근사한 음식 맛으로 소문난 식당은 언제나 사람들로 가득차 있다. 유령이 출몰하는 기색은 전혀 없더군요.

라타스카이브 16
Rataskaevu 16

WAY 라에코야 광장에서 도보 3분
ADD Rataskaevu 16
TEL +372 642 4025
OPEN 월~목·일 정오~23, 금·토 정오~자정
WEB rataskaevu16.ee

붉은 지붕의 도시

탈린 구시가는 고지대와 저지대로 나뉜다. 오랜 옛날, 고지대인 툼페아 Toompea에는 왕족과 귀족, 종교인들이 살았고 알린All-linn으로 불리는 저지대에는 평민들이 살았다. 라에코야 광장에서 툼페아로 오르는 길은 두 갈래로 나눠진다. 하나는 '짧은 다리'라는 뜻의 뤼히케 얄그Lühike Jalg, 또 다른 하나는 '긴 다리'라는 픽 얄그Pikk Jalg다. 귀족들은 말이나 마차를 타고 경사가 완만한 픽 얄그 거리로 다녔고, 평민들은 좁고 경사진 뤼히케 얄그를 걸어 다녔다. 우리는 어쩌다 보니 짧은 다리, 뤼히케 얄그를 걸어 올라가게 되었다. 사람들이 많이 가는 방향을 따라가면 뭐든 나오겠지 하고 올라간 길 끝에.

아름다운 풍경이 눈 아래 펼쳐졌다.

파트쿨리 전망대
Patkuli
Vaateplatvorm

WAY 라에코야 광장에서 도보 10분
ADD Rahukohtu
OPEN 연중 24시간 개방
WEB www.visitestonia.com

오후의 마지막 햇살이 남아

1922년 아르누보 양식으로 지어진 핑크색 건물인 툼페아 성은 독립 후 에스토니아 국회의사당으로 이용되고 있다. 내부는 회기 중에 정해진 시간에만 둘러볼 수 있다. 대신 우리는 툼페아 성 주위로 이어진 성곽을 따라 걸었다. 성곽은 13~14세기에 걸쳐 이 지역에서 풍부하게 생산되는 석회암으로 견고하게 지어졌다. 4킬로에 달하는 성곽 곳곳에 붉은 원뿔 모양의 지붕을 얹은 탑이 46개 세워져 있다. 전설 속의 위대한 영웅 헤르만의 이름을 딴 키다리 헤르만 타워Tall Hermann's Tower도 지나고, 성탑이 높아서 주변 건물의 부엌이 들여다보였다고 이름 붙여진 키크인데쾨크Kiek in de Kök도 지났다. '절대 웃지 마시오'란 종이 팻말을 앞에 세워 두고 팝송을 부르는 거리의 악사 앞도 지났다. 조금 웃음이 나서 참느라 그 앞을 빠른 걸음으로 지나야 했다. 오후의 연한 노란 햇살이 성벽 위에 희미하게 남아 가만히 손을 대보면 무언가 말을 건네오는 것 같았다. 성을 따라 조금 더 걸었다.

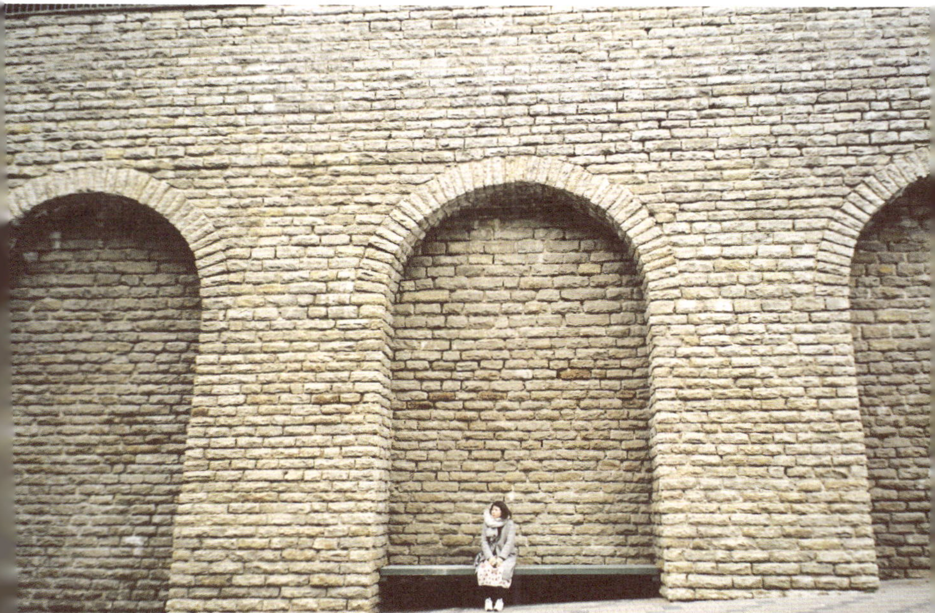

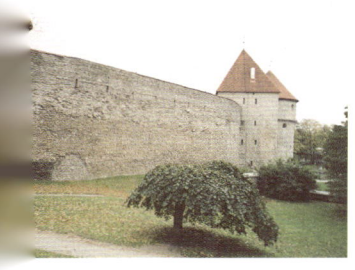

툼페아 성
Toompea Loss

WAY 라에코야 광장에서 도보 8분
ADD Lossi plats 1a
WEB www.riigikogu.ee

도시의 오랜 주민

혹시 기억날지 모르지만 옛날에 블록을 맞춰 다 없애고 나면 경쾌한 음악과 함께 러시아 병사가 코사크 댄스를 추던 게임이 있었는데, 네, 맞습니다. 둥근 지붕을 올린, 어딘가 모르게 귀여운 성당을 보니 갑자기 아주 오래전 오락실을 뿅뿅거리는 소리로 가득 채우던 테트리스 게임이 떠올랐습니다. 알렉산더 네프스키 대성당은 1900년대에 지어진 러시아 정교회 성당이다. 덴마크와 스웨덴, 러시아 등 주변국의 침략과 지배를 받아 이름마저도 '덴마크인의 도시'라는 뜻인 탈린 역사의 한 단면이 지금은 관광객들에게 가장 인기 있는 포토제닉한 건물로 남아있다.

금빛 모자이크로 화려하게 꾸며진 내부를 둘러보고 성당 안의 기념품숍에 들렀다. 작은 기념품을 고르니 주인이 정성스럽게 포장해줬다. 가게의 한쪽에서는 할머니 한 분이 편지에 뭔가 적다가 잠시 멈춰 골똘히 생각하다 다시 적어 내려갔다. 오래된 이 도시의 주인들임이 분명했다.

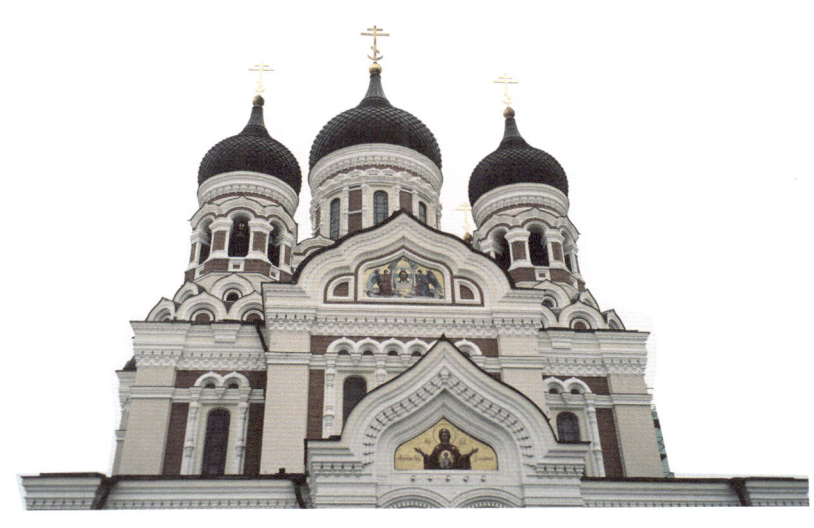

알렉산더 네프스키 대성당 Alexander Nevsky Katedraal	**WAY** 라에코야 광장에서 도보 8분, 툼페아 성 맞은편 **ADD** Lossi plats 10 **TEL** +372 644 3484 **OPEN** 8~19 **WEB** tallinnanevskikatedraal.eu

작은 우체국

알렉산더 네프스키 대성당 맞은편에 있는 예쁜 건물이 궁금해서 가봤더니 우체국이었다. 둥근 천장이 아늑하던 작은 우체국 안에는 아빠와 아들이 함께 편지를 쓰고 있었다. 갑자기 회사 일 때문에 같이 오지 못하게 된 엄마에게 편지라도 쓰고 있는 걸까. 그 모습이 좋아 보였다. 아들은 좀 짜증이 난 것 같았지만. 우체국에서 예쁜 우표와 엽서를 살 수 있었다.

툼페아
포스트 오피스
Toompea
Post Office

W A Y 알렉산더 네프스키 대성당 맞은편
A D D Lossi plats 4
T E L +372 661 6616
O P E N 월~금 10~17
C L O S E 토·일
W E B www.omniva.ee

오래된 교회의 전설

전설에 의하면 에스토니아는 칼렙이란 거인이 만들었다고 한다. 칼렙이 죽자 부인인 린다가 슬퍼하며 거대한 돌을 모아 칼렙을 매장했다. 그 자리는 산이 되었고 탈린은 그 산을 중심으로 건설되었다. 그러니까 탈린은 칼렙의 무덤 위에 세운 도시라는 얘기다. 그래서일까, 탈린에는 유독 유령에 관한 이야기가 많다. 구시가지 한가운데에 있는 바이무Vaimu 거리는 유령이 자주 나타나는 곳으로 이름 높다. 오죽하면 거리 이름이 유령이라는 뜻일까. 툼Toom 교회에도 출몰하는 유령이 있다. 교회의 안마당에는 여러 개의 무덤이 있는데, 스웨덴의 유명한 귀족 가문의 장군인 가르디Gardie도 이곳에 잠들어 있다. 가르디 장군은 산 사람의 가죽을 벗겨서 죽일 정도로 악명 높은 인물이었는데, 보름달이 뜨는 날이면 그가 죽인 사람의 가죽을 들고 나타난다고 한다. 1219년에 지어진 탈린에서 가장 오래된 교회는 으스스한 전설과는 달리 고요하고 평화로웠다. 보름달 뜨는 밤에는 어떨지 모르지만.

툼 교회
Toom Kirik

- WAY 툼페아 성에서 도보 2분
- ADD Toom-Kooli 6
- TEL +372 644 4140
- OPEN 1월~3월·11월·12월 화~일 10~16,
  4월·10월 화~일 10~17,
  5월·9월 9~17, 6월~8월 9~18
- CLOSE 10월~4월의 월요일
- FEE 교회 입장료 2€, 탑 입장료 5€
- WEB www.toomkirik.ee

그래도 소중한 것이 있어

여행지에서 서점을 발견하면 기뻐진다. 오래된 거리에도, 인공적인 도시에도, 관광객들이 지나는 거리에도, 주민들이 오가는 동네에도 서점은 존재한다. 아직 주인을 만나지 않은 새 책이 진열된 서점도 좋지만 기념품숍이 즐비한 거리에서 헌 책방을 만나는 것은 어쩐지 푸근한 기분이 든다. 조용하고, 소박하게 아름답고, 손때 묻었지만 소중히 다뤄진 것들이 모여 있어, 그 모든 것들이 조화롭게 어우러져 하나의 풍경을 이루는 공간이 좋다.

라마투코이
Raamatukoi

W A Y 라에코야 광장에서 도보 1분
A D D Harju 1a
T E L +372 683 7710
O P E N 월~금 10~19, 토·일 10~17
W E B www.raamatukoi.ee

리넨에 둘러싸여 보내는 오후

-예쁘고 참 느낌이 좋았어요.
사과 프린트가 그려진 테이블 매트를 선물 받은 지인이 말했다. 지지ZIZI에서 산 것이다. 지지는 에스토니아의 텍스타일 브랜드로, 리넨과 울 소재 제품을 판매한다. 과일과 식물을 모티브로 만든 제품은 소박하고 아름답다. 연푸른 잎이 그려진 키친타월이 내 주방 한켠에 걸려 있다.

지지
ZIZI

WAY 라에코야 광장에서 탈린 인포메이션 방향으로 도보 2분
ADD Vene 12
TEL +372 644 1222
OPEN 월~토 10~18, 일 10~16
WEB www.zizi.ee

그곳은 포근한 것으로 가득하여

무릎 아래로 난 창문에서 새어나오는 은은한 불빛에 끌려 홀린 듯 좁은 통로를 지나 작은 문을 열고 계단을 밟아 나타난 곳은 탈린의 보물이 쌓인 동굴이었다. 손뜨개의 달인, 목공예 장인, 유리공예의 마법사, 베틀의 요정이 서쪽의 태양과 동쪽의 별 아래서 만든 신비롭고 아름다운 물건들이 가득한 숍은 에스토니아 수공예 협회에서 운영하는 가게다. 이곳에서 귀여운 털뜨개 장갑과 예쁜 그림 엽서를 샀다.

에스티 캐시퇴에 코두
Eesti Käsitöö Kodu

WAY 라에코야 광장에서 탈린 인포메이션 방향으로 도보 3분
ADD Pikk 22
TEL +372 660 4772
OPEN 월~토 10~18, 일 10~17
WEB crafts.ee

카타리나 거리 Katariina

군데군데 위태롭게 균열이 보이지만 몇 세기 이전부터 이 도시를 든든하게 지탱해 왔고 아마도 또 다른 몇 세기를 견뎌낼 돌벽 사이로 난 좁은 길을 걷는 것은 기묘한 느낌을 불러 일으킨다. 알람 소리에 일어나 지하철이나 버스에서 인생의 몇 분의 일을 쓰고 월급날을 기다리며 하루하루를 간신히 버텨내는 일상에서는 느낄 일이 별로 없는 감정. 저 안쪽에 깊이 잠든 기억을 가만히 두드리는 듯한 이상한 기분. 환하고 깨끗하게 포장된 세상에서 어둡고 두려운 신화의 세계로 문득 들어선 듯한 기이한 느낌. 하지만 이 거리에도 묵묵히 생업에 몰두하는 삶이 있어, 우리는 왠지 모를 안도와 연민으로 이 미로의 도시를 걷는다. 카타리나 골목은 예전에 이 거리에 있던 카타리나 수도원에서 연유한 이름이다. 중세의 모습이 고스란히 남아있는 거리는 14개의 수공업 공방이 결성해 조직한 카타리나 길드의 주요 활동 지역으로, 곳곳에 공방과 수공예품 숍이 있다.

WAY Muurivahe거리와 Vene거리 사이

털장갑과 마트료시카

비루문 밖에 매일 열리는 작은 시장에서는 주로 리넨과 뜨개 제품을 판다. 귀여운 털장갑과 스웨터와 숄과 모피 모자 옆에 야시시한 속옷과 마트료시카 인형. 얼마든지 흥미진진한 것을 찾을 수 있을 것 같다.

비루 시장 WAY 비루문 앞
Viru Turg ADD Mere puiestee 1
           TEL +372 660 4772
           OPEN 9~17

커튼 사이 떠도는 햇살 가루

커튼 사이로 연한 치자 꽃가루 같은 햇살이 방안에 스며들었다. 그러니까 700여 년 전 창밖으로 수를 놓은 앞치마를 입은 아낙들이 집에서 만든 뜨개 장갑이라든가 잼과 말린 사슴 고기 같은 것을 담은 광주리를 이고 아이들은 엄마 치맛자락을 쥐고 그 뒤를 강아지가 졸랑졸랑 광장을 향해 차박차박 소리를 내며 부지런히 걸어갔을 것이다. 바다와 벌판의 보물을 가득 실은 마차가 바퀴를 구르며 지나가기도 했을 것이다. 마차에 실려온 황금 곡식으로 가득찬 자루가 부려지면 분주하게 기계가 돌아가고 구수한 냄새와 고운 가루가 사방으로 날리던 그 어느 날도, 이 건물은 고스란히 기억하고 있을지도 모른다. 14세기에 방앗간으로 지어졌던 건물을 개조한 호텔의 식당에는 소박하고 다정한 아침이 차려져 있었다.

릭스웰 올드 타운 호텔
Rixwell Old Town Hotel

WAY 라에코야 광장에서 도보 9분, 올라프 교회 근처
ADD Lai 49
TEL +372 614 1300
WEB www.rixwell.com

이른 아침, 고즈넉한

나는 종교를 가진 것도 아니면서 여행지의 낯선 도시에서 유명하다는 이유로, 그것이 왜 좋은지도 모르고 어떤 의미를 가졌는지도 잘 모른 채, 교회나 성당에 앉아 있는 경우가 허다하지만 아무 이유 없이 마음이 편해진다는 것은 이 공간이 지닌 온도에 내가 감응했기 때문일 것이고, 그 평온함에는 아마 이른 아침, 사람이 드물었다는 요인도 작용했을 것이다. 머리 뒤에서 햇살이 고요히 퍼지고 있었다. 12세기에 지어진 교회는 탈린에서 제일 높은 첨탑을 가지고 있어 152개의 계단을 오르면 탈린을 한눈에 굽어볼 수 있다 하지만, 우리는 이미 파트쿨리 전망대에서 멋진 풍경을 충분히 즐겼으므로 호기심 가득한 표정으로 계단을 올려다보고 있는 다른 여행객들에게 양보했다.

성 올라프 교회
St. Olav's Church

WAY 라에코야 광장에서 북쪽으로 도보 8분
ADD Lai 50
TEL +372 641 2241
OPEN 10~18, 7월·8월 10~20
FEE 탑 입장료 어른 3€, 학생 2€
WEB www.oleviste.ee

뚱뚱이 마가렛 탑

배를 타고 탈린 항구에 도착한 여행객이라면 구시가로 들어가기 위해 지나게 되는 뚱뚱이 마가렛 성문. 바다로부터의 공격을 막기 위해 16세기에 건설된 성탑은 현재는 함선 모형 등이 전시된 해양 박물관으로 이용되고 있다.

Fat Magaret
W A Y 올라프 교회에서 도보 2분
A D D Pikk 70

풍경은 언제나

뚱뚱이 마가렛 탑을 지나 기찻길을 건너 잠시 더 걸어 시장에 도착했다. 창고 건물을 개조한 실내마켓에서는 세컨핸드 제품과 앤티크 물건들을 팔고 또 다른 벽돌 건물 안에는 신선한 채소와 절인 생선과 고기 등이 보기 좋게 진열되어 있었다. 그리고 바깥에는 우리를 불러 태엽을 감아 춤추는 고양이를 보여주던 아줌마의 장난감 가게를 비롯해 책, 과일과 채소, 옷, 바구니와 리넨 제품 등 온갖 것을 파는 노점상들이 가득했다. 잘 닦으면 광택이 되살아날 것 같은 티스푼을 신중하게 들여다보는 할머니 옆에서 우리도 누군가의 집 그릇장과 다락방에서 나온, 한때는 생기를 띠고 소중하게 쓰였던 물건들을 구경했다. 맛보라며 조금 잘라준 할머니의 사과를 얻어먹기도 했다. 상큼하고 다정한 맛이었다. 시장은 늘 좋다.

디푸 투르크
Depoo Turg

WAY 뚱뚱이 마거릿 탑에서 탈린역을 지나 도보 15분
ADD Telliskivi 62
TEL +372 641 3436
OPEN 월~금 9~17, 토·일 9~16

배고픈 사슴의 식당

한겨울 숲속을 스치는 바람 소리 같은 언어만이 오가는 곳에서 마법의 주문 같은 글자가 가득한 메뉴판을 점쟁이가 된 심정으로 아무거나 찍자 주인아줌마는 손가락을 들어 하나씩? 하고 물었고 우리는 검지와 엄지를 둥글게 붙여 오케이, 라고 대답했다. 이윽고 나온 음식은 - 탈린에서 먹은 최고의 요리였다. 메뚜기 더듬이처럼 하늘을 찔렀던 아줌마의 손가락은 실은 사슴을 의미하는 거였나 봅니다. 네, 얼떨결에 사슴 요리를 먹었습니다. 장을 보던 주민과 잠시 짬을 낸 상인들이 들러 수프 한 그릇 터프하게 먹고 나가는 시장 안, 소박한 식당의 이름은 '배고픈 사슴'이다.

낼야네 포더
Näljane Põder

ADD Telliskivi 62 Depoo turg
OPEN 10~18

오래된 성 밖의 풍경

시장에서 이어지는 곳은 텔리스키비Telliskivi 지구다. 1869년에 세워진 철도 공장 건물들이 예술가와 디자이너들의 손을 거쳐 2009년 문화예술상업 지구로 재탄생되었다. 10개의 건물 사이로 펼쳐진 광장에는 플리마켓과 푸드 페스티벌 등의 행사가 자주 열려 탈린 시민들이 함께 어우러지는 공간이 되었다. 이 거리에 있는 루멜린나크loomelinnak에는 개성 넘치는 숍과 음식점, 카페가 입점해 있다. 사랑스러운 원피스가 걸린 옷가게와 세련된 인테리어숍, 수제 장난감과 뜨개 용품숍 등을 돌아보는 동안 우리가 아침에 지나쳐 온 뚱뚱이 마거릿 탑은 시간을 단숨에 뛰어넘는 타임슬립의 문이 아니었나 하는 생각이 들었다. Telliskivi는 벽돌, loomelinnak는 창조적인 도시라는 뜻이다.

텔리스키비
Telliskivi
loomelinnak

WAY Deepo Trug 옆
ADD Telliskivi 60a
OPEN 10~18, 매장마다 다름, 홈페이지에서 확인
WEB telliskivi.cc

Little sunshine bites

혼자 앉아 책을 읽고 있는 여학생도, 열띤 대화를 나누던 남자들도, 파스타를 나눠먹는 가족도, 카메라를 향해 V자를 그리며 미소 지어주던 직원도, 근사한 복숭아 타르트도, 솜씨 좋게 뽑아낸 커피도, 모두 좋았던. 언어도 나이도 다르지만 이 공간을 좋아하는, 같은 마음이 공기 중에 살며시 떠다니고 있던, 작은 햇살 같은 카페.

에프 훈
F-hoone

WAY 텔리스키비Telliskivi 거리
ADD Telliskivi Loomelinnak, F Buildings
TEL +372 5322 6855
OPEN 월~목 9~자정, 금·토 9~2, 일 9~22
WEB telliskivi.eu 또는 www.fhoone.ee

탈린의 키다리 아저씨

탈린을 떠나는 날, 호텔에서 불러준 택시는 웬일인지 큰길에서 기다리고 있다고 연락이 왔고 택시가 기다리고 있는 곳을 설명해주던 직원은 천지 분간 절대 못할 것 같은 우리의 얼굴을 보더니 데려다주겠다며 잡다한 것으로 가득 채운 데다가 탈린의 기념품을 이것저것 쑤셔 넣어 보기와 달리 몹시 무거운 우리의 트렁크 두 개를 가볍게 들더니 성큼성큼 앞장섰다. 뒤따르던 우리는 이거 정말 고마워 몸 둘 바 모르겠는데 고마움의 표시는 역시 돈이 최고지만 우리 수중에 남은 초콜릿 하나 겨우 사먹을 돈을 드리면 저분의 고결한 선의에 보답은커녕 크게 실례가 되지 않겠느냐, 그렇다고 모른 척하는 건 너무 뻔뻔스럽지 않느냐는 등, 큰 고민에 빠져 우왕좌왕하고 있는 동안. -Good Luck. 택시에 탄 우리에게 직원은 그렇게 말하고 그대로 성큼성큼 멀어져 갔다. 달리는 택시 속에서 문득 깨달았다. 직원이 엄청난 훈남이었다는 걸. 얼굴은 어렴풋하지만 다리가 어마어마하게 길었다는 건 또렷이 기억났다.

잠시 머무른 도시를 우리는 그렇게, 따스한 곳으로 기억하게 된다.

호텔 배런즈
Hotel Barons

W A Y 라에코야 광장에서 도보 1분
A D D Suur Karja 7
T E L +372 699 9700
W E B hestiahotels.com

잠시 머문 도시를 뒤로 하고 또 다른 도시를 향해 떠난다. 오늘 밤 우리의 작은 방은 바다 위에 떠있다. 배에서 밤을 보내는 건 처음이라 조금 걱정했지만 눈을 떠보니 작은 창밖으로 푸른빛을 되찾아 가는 바다가 내다보였다. 간밤에 꿈속에서 파도 소리를 들은 것도 같았다.

탈린에서 스톡홀름까지 실야라인siljaline과 바이킹라인vikingline이 운항한다. 우리는 실야라인을 이용했다. 예약시 선실의 종류와 조식과 석식 선택 여부를 결정할 수 있다. 평소 선상 디너라는 낭만을 꿈꾸었기에 배가 출발하자마자 식당으로 달려갔다. 신선한 해산물이 가득 놓여 있던 뷔페 코너를 누비며 양손 가득 음식을 쌓은 접시와 맥주잔을 들고 앉으니 어여쁜 직원이 지나가며 우리에게 속삭였다. -저쪽에 와인도 있으니 꼭 마셔요. 그녀는 페리의 요정이 분명했다.

실야 라인 예약
본사 www.tallinksilja.com
한국 공식 대리점 www.siljaline.co.kr
바이킹 라인 예약
본사 www.sales.vikingline.com
한국 지점 www.vikingline.co.kr

sweden

finland

estonia

<u>norway</u>

denmark

map

norway

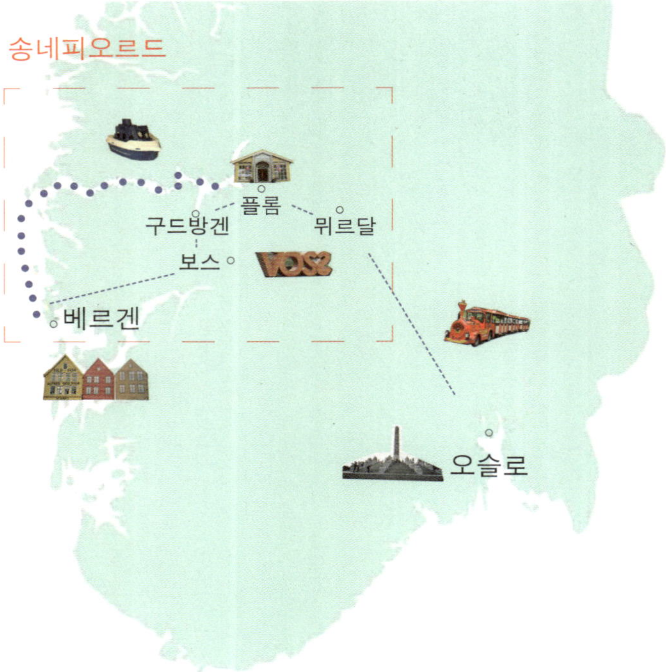

송네피오르드

플롬
구드방겐   뮈르달
    보스

베르겐

오슬로

oslo

bergen

travel information

*국가 정보

<u>국명</u> 노르웨이 왕국 Kingdom of Norway, Norge
<u>수도</u> 오슬로 Oslo
<u>언어</u> 노르웨이어
<u>면적</u> 323,802㎢
<u>인구</u> 약 526만 명
<u>통화</u> 노르웨이 크로네(NOK)
<u>시차</u> 4월~10월은 7시간, 11월~3월은 8시간 한국보다 느리다.
<u>비자</u> 무비자로 90일간 체류 가능(쉥겐 조약 가맹국)

*날씨

겨울이 길고 여름에도 평균 25~26도로 별로 덥지 않다. 겨울에 많은 눈이 내리고 베르겐을 비롯한 남서부 해안 지역은 1년 중 200일 이상 비가 내린다. 5월~7월은 일조시간이 16시간 이상인 백야가, 겨울에는 극야가 4개월 이상 지속된다. 여행하기 좋은 시기는 5월~9월, 여름이라도 겉옷을 챙기는 게 좋다.

*노르웨이까지 항공편
한국에서 노르웨이까지 직항은 없고 경유편만 있다. 오슬로 가데모엔 공항까지 최단 비행시간은 경유 시간 포함해 13시간 정도

*오슬로 가데모엔 공항에서 시내 이동

<u>로칼톡 Lokaltog</u>
가장 많이 이용하는 이동 수단이다. 공항 기차역에서 자판기로 티켓을 구매하고, 발권 후 2시간 안에 사용해야 한다.
time table   공항→중앙역 5:10~23:40, 중앙역→공항 5:50~23:50
time   약 30분 소요
cost   어른 105NOK(15세 이하 1인 동반 무료), 학생 84NOK

플뤼토겟 Flytoget
쾌속 철도로, 요금은 좀 비싸지만 시내까지 빠르고 편하게 이동할 수 있다.
time table 공항→중앙역 5:30~24:50, 중앙역→공항 4:40~24(10~20분 간격)
time   약 25분 소요
cost   어른 196NOK(15세 이하 1인 동반 무료), 학생·67세 이상 98NOK
web www.flytoget.no

플뤼부스엑스프레센 Flybussekspressen
공항버스 FB1, FB2, FB3, 세 대의 버스가 운행되며 각각 경로가 다르다. 중앙역으로 가는 버스는 FB2번이고 나머지 두 대는 오슬로 시내 북부로 이동한다.
time table FB2번 버스 4:10~1:15(30분 간격)
time   약 40분 소요
cost   179NOK, 학생 89NOK
web   FB2 www.flybussen.no, FB1·FB3 www.nor-way.no

*시내 교통

오슬로
교통수단으로 버스와 트램, 지하철이 있다. 카를 요한스 거리를 중심으로, 시내는 도보로 충분히 이동 가능하다. 비겔란 공원과 뭉크 미술관 등의 외곽 지역은 트램과 버스를 이용해 이동한다. 교통 티켓은 1회권과 24시간권, 2일 이상은 교통카드를 구입해 충전 후 사용할 수 있다. 이동이 많은 날에는 1회권을 매번 구매하는 것보다 24시간권을 구매해서 사용하는 것이 저렴하고 편하다. 티켓은 자판기, 시내 교통 안내소나 편의점에서 구입할 수 있다. 운전기사에게 살 수도 있지만 가격이 더 비싸진다.
1회권 : 36NOK(기사에게 구입시 56NOK)
24시간권 : 108NOK
교통카드 : 시내 교통 안내소나 편의점에서 구입, 충전 후 사용

베르겐
버스와 트램이 있지만 중앙역에서 브뤼겐 지구까지, 시내는 대부분 도보로 이동 가능하다. 트롤하우겐 등의 외곽 지역은 버스와 트램을 이용한다. 티켓은 정류장의 자판기나 편의점에서 구입할 수 있다.
1회권 : 38NOK(기사에게 구입시 60NOK)
24시간권 : 100NOK

*환전
한국에서 노르웨이 크로네(NOK)로 환전하고 신용카드를 함께 이용한다. 벼룩시장에서는 현금으로만 거래 가능하다.

오슬로

Oslo

도시의 첫인상

푸르스름한 기가 도는 무채색 거리의 첫인상은 단정했다. 북쪽으로 가는 길, 노르웨이란 단어가 주는 울림이 설레지만 아직은 모호하다. 키가 크고 수수한 사람들 속에서 우리는 누가 보아도 이곳에 막 도착한 이방인의 모습으로 신비로운 마법의 주문 같은 해독 불가능한 글자와 낯선 언어의 홍수 속에서 상상해왔던 모습과 닮기도 하고, 다르기도 한 풍경으로 발을 내딛는다. 중앙역부터 왕궁까지 이어지는 카를 요한슨 거리는 숍과 레스토랑이 줄지어 있는 번화가다. 주말의 거리는 숍마다 할인가에 물건을 내놓은 가판대와 노점상들이 들어서 북적였다. 첫인상이 얼마나 오래 갈지 모르지만 다소 과묵하지만 속내 깊은 남자 같은 도시는 자꾸 들여다보고 알고 싶어진다. 잠시 걷자 분수가 쏟아지는 푸른 공원에 도착했다.

카를 요한슨 거리
Karl Johansgate

중앙역부터 왕궁까지 이어지는 거리

속 깊은 건물

별 기대 없이 들어갔던 무뚝뚝한 건물 안에는 벽면 가득 화사한 프레스코화와 그 위로 어룽거리는 빛이 너무나도 아름다워 마치 인상파 화가의 아틀리에 같은 기분이 들었다. '두 개의 갈색 치즈'라는 결코 매력적이라고는 할 수 없는 별명을 가진 건물은 풍부하고 부드러운 속을 감추고 있었다. 노벨 평화상 시상식이 열리기도 하는 시청사가 또 하나 유명한 이유는 '뭉크의 방' 때문이다. 뭉크의 그림 <인생>이 걸려 있는 작은 방에서는 한 달에 한 번 시민들의 결혼식이 열린다. 미술관 같은 복도를 지나자 길게 드리워진 커튼 사이로 작은 항구와 끝없이 펼쳐진 바다와 그 앞에 바다를 향해 앉아있는 사람들이 보인다. 이 무뚝뚝하지만 속 깊은 건물이 좋아진다. 그렇게 이 도시를 좋아하게 될 예감이 든다.

오슬로 시청
Radhuset

WAY 중앙역에서 도보 13분
ADD Radhusplassen 1
TEL +47 23 46 1200
OPEN 월~금 9~16, 토·일 9~18
CLOSE 공휴일
WEB www.oslo.kommune.no

We are Norway

-노르웨이 국왕님은 소박한 데에 사시네.
-그러게. 근데 국왕님 엄청 멋있는 사람인 거 같던데.
-미남자?
-그렇다기보다.

현 노르웨이 국왕 하랄 5세는 경호원도 없이 자전거를 타고 오슬로 시내를 달리는 것이 취미라고 한다. 경호실장이 안전에 대한 우려를 표하자 "내겐 400만 명 넘는 근위대가 있는데 무슨 걱정인가?"라고 답했다고 한다. 현재 노르웨이 인구는 500만 명을 약간 넘는다. 국민 모두를 근위대로 삼는 국왕의 호방함! 선왕 올라프 5세는 혼자 전철을 타고 다니다 역무원이 알아보고 요금을 받지 않으려고 하자 "나는 왕이기 전에 이 나라의 국민"이라고 말하며 굳이 요금을 냈다고. 그 아버지에 그 아들이다. 내가 하랄 5세를 멋진 사람으로 기억하는 이유는 그가 했던 난민과 종교, 동성애에 관한 연설 때문이다.

-우리가 어디에서 왔고, 또 국적이 무엇인지를 말하기는 항상 쉽지는 않다. 대신 우리의 마음이 있는 곳이 바로 집이라 할 수 있을 것이다.
멋진 말이다. 더 좋았던 건 이 부분이다.
-소녀를 사랑하는 소녀, 소년을 사랑하는 소년, 서로 사랑하는 소년과 소녀 모두 노르웨이 사람이다.

궁전 내부는 여름에만 가이드 투어로 공개된다. 투어 시즌과 맞지 않았던 우리는 대신 왕궁의 정원을 산책했다.
-여기 정말 좋다. 이렇게 좋은데 국왕님은 산책 못하시겠지?
-글쎄, 저기 호숫가에 서있는 남자가 국왕님일지도. 경호원 없이.
그런데 이 포용력 넘치는 국왕도 아들 호콘 왕자의 결혼은 며느릿감이 탐탁지 않아서 반대했다고 합니다. 우여곡절 끝에 결국은 해피엔딩으로 끝났지만요.

왕궁		
Det Kongelige Slott	WAY	중앙역에서 도보 20분
	ADD	Slottsplassen 1
	TEL	+47 22 04 8700
	OPEN	궁전 내부 가이드 투어 6월 중순~8월 중순 12, 14, 14:20, 16
	CLOSE	궁전 내부 8월 중순~6월 중순
	FEE	가이드 투어 어른 140NOK, 3~12세 어린이와 학생 110NOK
	WEB	www.royalcourt.no

빵가게의 딸기잼

왕궁 근처에 맛있는 빵집이 있다. 구수한 냄새가 훅 풍겨 나오자 사람들이 기다렸다는 듯이 문을 열고 빵을 사서 나가고 혹은 카페 안이나 나무 그늘이 살짝 드리운 야외 자리에 앉아 빵과 커피를 느긋하게 먹기 시작했다. 우리는 햇볕이 잘 드는 창가 자리에 커피와 시나몬롤을 주문해 앉았다. 노르웨이식 시나몬롤도 맛이 좋아서 앞으로 시내 곳곳에 있는 이 가게의 지점을 보면 그냥 지나치기 어렵겠다는 생각이 들었다.

오펜트 바케리
Åpent Bakeri

WAY 왕궁에서 도보 5분
ADD Inkognito Terrasse 1
TEL +47 9204 6543
OPEN 월~금 7:30~17, 토 8~16, 일 9~15
WEB www.apentbakeri.no

가게에는 빵보다 더 인기 있는 게 있다. 그것은 바로 홈메이드 딸기잼. 매장 한쪽에 인심 좋게 푸짐히 놓여 있는 딸기잼을 모두들 즐거운 표정으로 덜어 가고 있다. 스푼으로 살짝 딸기잼을 맛본다. 이른 아침의 노르웨이 숲의 맛. 신선하고 상큼하였다.

하얀 빙하 속 아늑한 숲

푸른 바다 위에 둥실 떠있는 하얀 빙하를 타고 천천히 오르다 문득 돌아보니 저 아래 세상은 신기루처럼 아득하고 하얗게 서로 부서져 피어오르는 눈부신 빛 속에서 어쩌면 하늘을 나는 양탄자 위에 올라탄 게 아닐까 하고 조금은 아찔하고 황홀하여 가만히 실눈을 뜨고 바라본 파도 저편에는 고요하고 신비로운 피오르드.

오페라 하우스   중앙역 뒤 연결 통로 도보 3분
Operaen   Kirsten Flagstads pl. 1
   +47 21 422 121
   www.operaen.no

오페라하우스는 건립을 두고 오슬로 시가 120년간 논쟁을 벌인 끝에 1999년 의회의 최종 결정이 있은 지 9년 만인 2008년 노르웨이의 건축회사 스뇌헤타Snohetta의 설계로 완공되었다. 완공 당시에는 직선으로만 지어진 지루한 건물이라는 혹평에 시달리기도 했지만 지금은 오페라하우스 없는 시드니를 상상할 수 없듯, 오슬로를 상징하는 랜드마크로 자리잡았다. 대리석과 화강암, 메탈로 지어진 미니멀한 건물의 내부는 극장을 둘러싼 나무 벽이 부드러운 곡선을 그리고 있어 마치 아늑한 숲속으로 들어가는 기분이 든다. 오페라 하우스의 옥상 정원에 올라 가득 쏟아지는 햇살과 바다에서 불어오는 바람을 즐기는 사람들 속에 우리도 슬며시 끼어들었다.

에스키모 소녀의 위로

아케르 브뤼게는 항구를 따라 이어진 쇼핑지구다. 거리 초입에 노벨 평화 센터가 있다. 북유럽 겨울의 햇살처럼 표정 변화에 인색한 노르웨이인들도 이곳에서는 빛을 가득 품고 출렁이는 여름 바다처럼 여유롭고 활기차 보여 전혀 다른 도시에 온 것 같은 느낌이 들었다. 맛있는 냄새를 풍기는 핫도그 트럭이나 솜사탕 마차도 흥분에 한몫 거들었다. 우리는 바다를 따라 걷다가 혹은 바다를 향해 놓인 벤치 위에 잠시 앉아 바다를 보다가 고개를 돌려 사람들을 구경하다가 다시 바다를 따라 걸었다. 아름다운 풍경은 어둠에 점점 지워지고 짙은 무채색 바람이 불어오자 문득 허전하고 슬픈 생각이 들었다. 여행지에서의 하루의 끝은 그렇게 왠지 모르게 애달팠다. 그래서라기보다는, 좋아하므로 아이스크림을 사먹었다. 인생은 날마다 낭만적인 것은 아니지만 때로는 에스키모 소녀의 달콤한 아이스크림 같은 작은 위로가 있어 또 하루를 견딜 힘을 얻는다.

아케르 브뤼게
Aker Brygge

W A Y 중앙역에서 도보 17분, 중앙역에서 12번 트램 아케르 브뤼게역 하차 도보 7분

피오르드의 미술관

바다를 따라가면 그 끝에 아름다운 미술관이 나온다. 배 모양의 지붕은 부드럽게 그늘을 드리우고 소년들은 해안을 달렸다.

건축가 렌조 피아노Renzo Piano가 설계한 바닷가 옆 미술관은 컨템포러리 아트 작품을 전시하는 사설 박물관이다. 위트 있는 전시도 신선했지만 건물 사이로 바다가 작은 운하처럼 흐르는 미술관을 걷다 멈춰 멀리 바다와 바다 위에 떠있는 피오르드를 바라보며 한동안 앉아있자 뭔가 몹시 부드러운 것이 살며시 가슴을 관통하는 게 느껴졌다.

아스트루프 펀리
현대미술관
Astrup Fearnley
Museet

W A Y   중앙역에서 도보 20분
A D D   Strandpromenaden 2
T E L   +47 22 93 60 60
O P E N   화·수·금 12~17, 목 12~19,
　　　　토·일 11~17
C L O S E   월요일
F E E   어른 130NOK, 학생 90NOK
W E B   www.afmuseet.no

노스탤지어의 서점

어느 서점이든 그 서점만의 온도가 있어서 읽을 수 있는 책은 여름날 바닷가로 밀려온 아름다운 진주 조각처럼 드물지만 우리가 태어난 것보다 훨씬 전에 이 나라, 이 거리에 살았던 사람들의 삶과 숨결이 현재로 살그머니 이어져 오래된 책장 위에 조용히 놓여 온기를 유지하고 있는 공간에 있다는 것만으로 묘한 안도감과 울림을 경험하는 것이다. 작은 방에 혼자 앉아 어두워지는 것도 모르고 읽었던 어린 시절의 책과 그때 나를 둘러싼 무언지 모를 소중한 기분들을 곰곰이 떠올려보는 노스탤지어의 세계가 그곳, 오래된 서점에 있었다.

노리스
안티크바리아트
Norlis Antikvariat

- WAY 중앙역에서 도보 15분
- ADD Universitetsgata 18
- TEL +47 22 20 0140
- OPEN 월~금 10~18, 토 10~16, 일 12~16
- WEB www.antikvariat.net

그날의 온도

푸글렌
Fuglen

WAY 중앙역에서 도보 15분
ADD Universitetsgaten 2
TEL +47 22 20 0880
OPEN 월·화 8:30~18:30, 수·목 8:30~자정,
금 8:30~3, 토 10~3, 일 10~18:30
WEB www.fuglen.no

집으로, 그러니까 낯선 이 도시에서 오늘밤 임시 거처가 되어줄 곳으로 돌아가는 길에 희미하고 노란 불빛이 흘러나오는 카페를 발견하고 유리창으로 들여다 보이는 아늑하고 무어라 말할 수 없이 편안해 보이는 공간의 일부가 되고 싶어 안으로 들어갔다. 근사한 카페, 푸글랜을 그렇게 만났다. 빈티지 가구가 딱 좋을 만큼의 온도로 놓여 있던 카페의 커피는 진하고도 부드러워, 어쩐지 따스한 응원을 받은 기분이었다. 오랫동안 앉아 있어 주길 바라는 곳이었다.

스칸딕 오슬로시티 호텔
Scandic Oslo City Hotel

아침 풍경이 스며든 방

천장이 비스듬한 다락방 같았던 방은 아늑하여 간밤에 기억나지 않는 수많은 아름다운 꿈을 꾼 것 같았지만 어느 것도 뚜렷하지 않아 물을 끓이고 티백이 우러나길 기다리는 동안 문득 천장을 올려다보니 작은 창 너머로 꿈에서 본 듯한 풍경이 내다보였다.

```
W A Y   중앙역에서 도보 1분
A D D   Europaràdets Plass 1
T E L   +47 23 10 4200
W E B   scandichotels.no
```

오래된 도시의 식당

내가 태어나고 자란 도시에는 놋그릇에 밥을 비벼내는 오래된 식당이 있는데, 그 도시를 찾은 지인이 나를 떠올리고 괜찮은 밥집을 소개해 달라 하면 나는 어릴 때부터 갔던, 내게는 새삼스레 맛집이랄 것도 없지만 맛집이 아니랄 수도 없는 친숙한 그 식당을 소개해주곤 했다. 바쿠스 레스토랑에 앉자 내 고향의 그 식당이 떠올랐다. 1800년대에 지어져 정육점으로 이용되었던 건물을 개조해 1990년에 문을 연 바쿠스는 옛 건물이 주는 운치와 캐주얼한 분위기가 공존한다. 점심에는 샐러드와 버거 등의 가벼운 메뉴, 저녁에는 생선과 고기 요리를 와인과 즐길 수 있다.

레스토랑 바쿠스
Bacchus
Spiseri&Vinhus

WAY 중앙역에서 도보 3분
ADD Dronningsgate 27
TEL +47 22 33 34 30
OPEN 월~토 11:30~23
CLOSE 일요일
WEB www.bacchusspiseri.no

그뤼네뢰카 거리 Grünerløkka

비 내린 다음의 거리는 저채도의 빛이었다. 살짝 비에 젖은 야외 테이블이 놓여 있는 카페와 국적 다채로운 식당, 소품숍과 귀여운 것이 가득한 장난감가게, 서점과 빵가게 사이에 아크네와 플라잉타이거가 위치하고 벽 곳곳에 그라피티가 그려져 있는 거리는 해가 지고 나면 흥겨운 축제가 벌어지는 요정의 숲처럼, 조용함 속에서도 뭔지 모를 술렁임이 느껴졌다. 날씨 좋은 주말에 다시 찾았을 때 거리는 완전히 달라져 있었다. 공원과 골목 곳곳에 벼룩시장이 열리고 야외 테이블은 빈자리 없이 메워지고 잔디밭에 앉거나 누워 허락된 하루의 빛과 기쁨을 한껏 즐기는 사람들로 가득했다. 그뤼네뢰카는 '젊음의 거리'로 불린다.

WAY 11번·12번·13번 트램으로 Olaf Ryes plass역에서 하차

 ## 상냥한 빵가게

빵을 좋아한다. 게다가 물가 높은 북유럽에서 빵집은 참으로 고마운 존재였다. 점심은 가보고 싶었던 식당의 다소 저렴한 런치 메뉴를 이용하고 저녁은 빵집이나 카페에서 샌드위치나 빵과 샐러드로 가볍게 해결했다. 원하는 재료를 듬뿍 넣어 만들어주던 Godt Brød의 샌드위치는 절대 가볍지 않고 든든한데다 맛 또한 좋았지만. 시내 곳곳에서 보이는 노란 간판은 어쩐지 늘 반가웠다.

고드 브로드
Godt Brød

WAY	11번·12번·13번 트램으로 Olaf Ryes plass역에서 하차 도보 1분
ADD	Thorvald Meyersgate 49
TEL	+47 23 22 90 40
OPEN	월~금 6~18, 토·일 7:30~18
WEB	www.godtbrod.no

커피의 온도, 창밖은 비

갑자기 빗방울이 떨어지기 시작했고 마침 찾던 카페가 눈앞에 나타났다. 절묘한 타이밍에 기뻐하며 들어간 카페는 '바리스타 챔피언의 오슬로 최고의 커피를 파는 곳'이라는 수식어가 무색하게 수수하고 아담했다. 생각해보면 내가 찾았던 북유럽의 카페들은 대개 그랬다. 유명한 바리스타들이 운영하는 카페들 역시 과시하려는 기색 하나 없이 동네 한 모퉁이 작고 소박한 가게에서 그저 맛있는 커피를 만들어 내고 있을 뿐이었다. 아마도 이곳의 단골인 듯한 노인이 문득 그러고 싶었을 뿐이라는 듯, 테이블 위의 노트북을 무릎으로 옮겨 우리에게 자리를 슬며시 내어줬다. 고맙다는 인사에 그저 고개를 한번 끄덕일 뿐이다. 이 묵묵하고 수수한 카페가 좋아졌다. 창밖은 여전히 비가 내리고 커피는 뜨겁고 진했다.

팀 웬들보
Tim Wendelboe

WAY 11번·12번·13번 트램으로 Olaf Ryes plass역에서 하차 도보 3분
ADD Grüners gate 1
TEL +47 400 04 062
OPEN 월~금 8:30~18, 토·일 11~17
WEB www.timwendelboe.no

강을 따라 노르웨이의 고등어

여행 전에 내가 노르웨이에 대해 알고 있던 것. 비틀즈의 <Norwegian wood>, 그리고 무라카미 하루키의 동명의 소설, 입센과 뭉크, 피오르드와 트롤, 그리고 노르웨이 고등어. 하지만 의외로 노르웨이 고등어 구경하기가 어려웠다. 밥 한 그릇 뚝딱하게 하는 그 유명한 노르웨이 고등어를 마탈렌에서 발견하고 기뻤다. 마탈렌은 신선한 식재료와 식품을 판매하는 실내 마켓이다. 식당도 입점해 있어 한 끼 식사를 해결하기도 좋다. 우리는 맛좋아 보이는 파이를 사서 강을 따라 거리와 사람들을 구경하며 천천히 걸었다. 아름다운 도시는 대개 아름다운 강을 끼고 있다.

 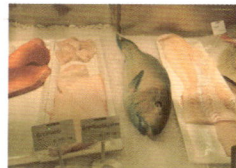 

마탈렌 Mathallen

- **WAY** 11번·12번·13번 트램으로 Schous plass역 하차 도보 7분
- **ADD** Vulkan 5
- **TEL** +47 40 00 12 09
- **OPEN** 화~목 8~1, 금 8~3, 토 9:30~3, 일 9:30~1 (가게마다 다름)
- **CLOSE** 월요일
- **WEB** mathallenoslo.no

유리병 속의 햇살 사탕

있잖아, 나는 평소 운이 별로 좋은 편이 아니라고 생각하지만 - 비 오는 거리를 트램을 타고 내리니 비가 그쳐 있는 행운이 내게도 가끔은 있어. 어릴 때부터 꿈꿔오던 노르웨이에 정말 오게 된 건 진짜 큰 행운, 그리고 거리를 걷다 눈에 띈 가게에 들어가 이거 정말 예쁘다고 동시에 생각하는 건 아마도 행복이겠지. 다정한 것들이 가지런히 놓여 있던 하얀 가게.
Lykke는 행복이라는 뜻이다.

레트로 뤼케
Retro Lykke

WAY 11번·12번·13번 트램으로
Olaf Ryes plass역 하차 도보 2분
ADD Markveien 35
TEL +47 902 83 819
OPEN 월~금 9~18, 토 10~18, 일 11~18

비르케룬덴 공원 ^{W A Y} 11번·12번·13번 트램으로 Birkelunden역 하차
Birkelunden

언어를 대신하는 무언가

작지만 아름다운 비르케룬덴 공원에서는 일요일마다 벼룩시장이 열린다. 가구와 그릇, 헌옷과 헌책, 한때는 어떤 아이의 소중한 보물이었던 인형들이 두서없이 펼쳐져 있는 속에서 자신에게 소용되는 것들을 신중하게 고르고 이윽고 골라낸 물건을 흥정하는 모습은 북유럽 곳곳의 벼룩시장에서 자주 보던 풍경이었지만 이곳 시장은 상업적이라기보다는 하나의 즐거운 동네 행사처럼 소박해 보여 좋았다. 우리는 인상이 푸근한 아줌마의 가판대에서 작은 브로치와 패턴이 예쁜 에코백을 골랐다. 노르웨이어로 깎아달라는 말조차 할 줄 모르는 주제에 흥정 한번 해보겠다고 마음먹은 순간 아줌마는 반값에, 아주 넉넉한 미소까지 덤으로 줬다. 운 좋은 날이었다.

프롱네르 거리 Frogner

트램에서 내린 우리는 방향을 정하지 못하고 잠시 머뭇거렸다. 딱히 목적지 없이 이 단정한 거리를 걸어볼 셈이었다. 일단 길을 건넜다. 길 건너에 쇼윈도가 근사한 건물이 보였기 때문이다. 프롱네르 거리는 조용한 주택가 사이에 느낌 좋은 레스토랑과 카페, 작지만 주인의 개성을 담은 세련된 숍들이 이웃하고 있다. 관광지나 도심에서 떨어진 한적한 동네를 걷는 것은 여행에서도 작은 틈을 만드는 행위다. 우리는 기꺼이 그 빈틈을 즐기기 위해 천천히 거리를 걸었다.

연한 햇살이 웃음소리처럼

작은 입간판이 없었다면 그냥 지나쳤을 지도 모를 식당은 손님으로 꽉 차 있고 물 따르는 소리와 가볍게 접시 부딪치는 소리, 즐거운 웃음소리와 이야기 소리가 나붓한 햇살이 퍼져있는 공기 중에 붕붕 떠다녔고 그 소리마저 어쩐지 이곳의 배경 음악처럼 잘 어울렸다. 유기농 식재료를 이용해 신선하고 독창적인 노르웨이 요리를 선보이는 식당에서 우리는 닭고기요리와 연어샐러드를 먹었는데 풍성하고 맛좋은 요리도 좋았지만 상냥한 서비스와 이곳이 왜 인기 있는지 금세 알아차릴 수 있었던 분위기가 마음에 들었다. 세련되면서 동시에 소박하기는 쉽지 않은 법이다.

콜로니하겐
프롱네르
Kolonihagen
Frogner

WAY 12번 트램 Lille Frogner alle역 하차 도보 2분
ADD Frognerveien 33
TEL +47 993 16 810
OPEN 화~목 12~23, 금·토 12~1
CLOSE 일·월
WEB kolonihagen.no

사가 호텔
오슬로 센트럴
Saga Hotel
Oslo Central

WAY 중앙역에서 도보 8분
ADD Kongens gate 7
TEL +47 23 10 08 00
WEB sagahoteloslocentral.no

다시, 여행의 아침

창문을 열어 날씨를 확인하는 여행의 아침. 건물 꼭대기에 있던 우리 방의 창 아래로 막 잠에서 깨기 시작한 단정한 거리가 내다보였다.
호스텔을 개조해 새로 문을 연 호텔은 쾌적했다. 청바지를 입은 젊은 직원이 딱 좋을 만큼의 친절함으로 맞아줬고 여기저기 놓인 의자와 소파에는 연령도, 국적도 다양한 사람들이 각자의 방법으로 조용히 쉬고 있었다. 모퉁이를 살짝 돌아 도심의 소란에서 한걸음 물러나 갤러리와 카페가 이어지는 거리가 익숙해지고 그곳을 집으로 돌아가는 길이라고 부르게 될 때, 우리는 호텔을 떠났다. 늘, 여행은 아쉽다.

멜랑콜리의 맛

-해가 지는 저녁 무렵에 친구와 함께 산책을 나갔다. 갑자기 하늘이 붉어지고 검푸른 해협과 거리 위에 붉은 구름이 드리워졌다. 나는 공포에 사로잡혀 움직일 수가 없었다. 그리고 끝없는 절규가 자연을 갈기갈기 찢는 것을 느꼈다.

뭉크 미술관
Munchmuseet

- WAY 1번·3번·4번·5번 트램으로 Tøyen역 하차 도보 5분, 비겔란 공원에서는 20번 버스로 Munchmuseet정류장 하차 도보 3분
- ADD Tøyengata 53
- TEL +47 23 49 3500
- OPEN 10~16, 5월 중순~9월 초 10~17
- FEE 어른 120NOK, 학생 60NOK, 18세 이하 무료
- WEB munchmuseet.no

1893년작 <절규>는 이때의 경험을 그려낸 것이다. 당시 뭉크의 친구는 그림의 배경이 된 장소에서 자살 시도를 했고, 여동생은 우울증으로 정신병원에 입원해 있었다. 죽음과 불안은 뭉크의 생애 전반에 낯설지 않은 불청객으로 늘 존재했다. 뭉크가 다섯 살이 되던 해에 어머니가 결핵으로 세상을 떠났고, 그로부터 9년 뒤 누나 역시 같은 병으로 숨졌으며 아버지는 우울증과 광적인 종교적 집착을 보였다. 몸이 허약했던 뭉크는 늘 환상과 악몽에 시달렸고 평생 극도의 불안 속에 살았다. 그가 활동하던 19세기 말의 불안정한 사회 분위기와 음울한 오슬로의 날씨도 영향을 끼쳤을 것이다. 아이러니하게도 뭉크의 역작은 그러한 불안과 불운 속에서 탄생했다. 뭉크 미술관으로 가는 길은 유난히 화창했다. 미술관 근처에 펼쳐진 완만한 언덕에 초록 잔디는 햇살을 받아 반짝반짝 빛났다. 우리는 미술관 안에 있는 카페에서 케이크와 커피를 주문해 볕 좋은 자리에 앉았다. <절규>가 그려진 초콜릿 조각이 경쾌하게 올려진 케이크를 한입 먹는다. 멜랑콜리한 맛이었다.

삶이 늘 낭만은 아니더라도

오슬로 최고의 명소답게 관광객을 제일 많이 봤지 싶은 비겔란 공원은 너른 잔디밭과 우거진 숲이 펼쳐져 있어 우리는 사람들이 줄지어 걷는 길에서 살짝 비켜나와 나무 아래 흙길을 밟아 공원을 에둘러 천천히 걷기 시작했다. 한숨이 나올 정도로 긴 다리로 조깅을 하는 사람들과 유모차를 미는 아빠들과 주인을 끌고 가는 귀여운 강아지도 구경하고 잠시 벤치에도 앉았다가. 드디어 모노리탄에 도착했다. 너무 압도적인 광경이라 한동안 아무 말도 할 수 없었다.

모노리탄은 14미터 높이의 화강암 조각으로, 121명의 남녀가 서로 얽혀 있는 모습은 삶의 굴레를 의미한다. 공원 안의 조각상 모두 삶을 단면을 표현하고 있다. 슬픔과 고통, 분노 혹은 환희. 저기 기쁜 얼굴로 기념사진을 찍는 관광객들도, 조깅을 하는 이들도, 아이를 안아주고 있는 부모들도 모두 마음 속 깊이 품고 있는 것들. 그래서 조각들은 아름답다는 경외감 전에 충격을 주고 이내 뭔지 모를 숙연한 마음이 들게 한다. 공원을 나오다보니 줄서 있는 사람들이 보인다. '화난 아이' 동상 앞이다. 손등을 어루만지며 소원을 빌면 이루어진다는 이야기가 있다. 우리도 줄에 끼어 아이의 반질반질한 손등을 쓰다듬으며 황급히 몇 가지 소원을 빌어본다. 그때 빌었던 소원 중 하나는 이루어졌으니 정말 효험이 있는 걸까. 이 여행이 무사히 끝나기를, 빌었다.

비겔란 공원
Vigelandsparken

WAY 12번 트램으로 Vigelandsparken역 하차
ADD Nobels gate 32
OPEN 연중 24시간 개방
WEB www.vigeland.museum.no

송네피오르드 *Sognefjord*

오슬로에서 뮈르달까지 기차 여행 Oslo - Myrdal

아직 잠에서 완전히 깨어나지 않은 고요한 거리를 여행가방을 끌고 걷는다.
오늘은 피오르드를 보기 위해 떠나는 날이다.

대개의 사람들이 그러하듯 노르웨이 여행의 목적은 피오르드였다. 그러니까 오슬로 여행은 본격적인 여행에 앞선 전초전이랄까 워밍업이랄까 그런 기분이라 숙제를 미뤄둔 학생처럼 오슬로에 있는 동안 마음이 편치 않았다. 비로소 기차에 오르자 안도감이 드는 동시에 불안이 엄습했다. 혹시 내가 이제 떠나려는 도시에 아름다운 것을 두고 오지 않았나. 기차는 플랫폼을 떠나고 도시는 내 뒤로 빠르게 멀어지고 있다. 여행이란 그런 것이다. 아마 삶도 마찬가지일 것이다.

기차가 달릴수록 계절이 깊어진다.

플롬행 산악 열차 Myrdal - Flåm

뮈르달 역에서 플롬행 산악 열차로 갈아탄다. 기차는 마치 오랜 옛날, 불면증에 시달리다가 달리는 기차에 몸을 실어야만 비로소 꿈을 꿀 수 있는 모험가들의 유일한 교통수단이 기차뿐이었던 시대의 것처럼 향수를 불러일으킨다. 레일이 아니라 몽상과 환상 위를 기차는 달린다.

산을 뚫은 터널을 여러 개 지난 기차가 멈춰 서자 승객들이 카메라를 들고 부지런히 내린다. 모두 무엇을 보게 될지 짐작하고 기대하는 얼굴이다. 하얀 물방울이 바람에 흩날려 차갑게 얼굴에 닿는다. 키요스 폭포Kjosfossen다.
-양치기 개도 잠든 깊은 밤, 어디선가 들려오는 신비로운 음악 소리에 목동들이 하나둘 눈을 뜨기 시작했다. 보름달 아래 요정 훌드라가 음악에 맞춰 부드럽게 춤을 추고 있었다. 춤추는 요정과 음악 소리를 따라간 목동들은 모두 양으로 변해 폭포 속으로 사라졌다.
폭포 꼭대기에 붉은 옷을 입은 여자가 나타나 요정 훌드라처럼 춤을 춘다고 했다. 모두 그 광경을 기다렸지만 어찌된 일인지 끝내 나타나지 않았다. 요정의 변덕은 심한 법이다. 폭포수는 산을 타고 하얗게 흘러내렸다. 폭포수 사이에 숨어 지켜보는 요정의 치맛자락이 언뜻 보인 것 같다. 기차에 다시 올랐다.

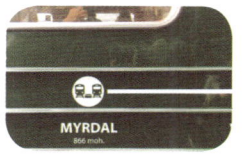 

 플롬에서 보낸 하룻밤 Flåm

부연 안개가 산을 타고 올라가자 산 뒤에 숨어 있던 햇살이 종종걸음으로 비탈길을 내려와 나른한 고양이처럼 팔다리를 쭉 뻗고 앉는다. 안개 조각을 머금고 있던 풀밭은 생생하게 초록빛을 내뿜고 잠자리 날개같이 투명한 빛으로 대기는 반짝거린다. 이곳에서 하룻밤을 보내기로 한 결정이 마음에 들었다.

산 아래, 다 익은 과실을 툭 떨구는 사과나무 사이에 위치한 유스호스텔은 조용하고 쾌적했다. 숙소 가까이 있는 마트에서 장을 봐서 간소한 저녁과 아침을 차려 먹었다. 할 일은 별로 없었다. 창문을 열면 피오르드가 보였다. 더 필요한 건 없었다.

*플롬 유스 호스텔 예약 사이트
www.hihostels.com

피오르드의 바다, 구드방겐 Flåm - Gudvangen

플롬에서 출발한 페리는 피오르드 위에 터를 잡은 아름다운 집들이 줄지은 작은 항구 마을을 스치며 바다를 항해한다. 배에 오를 때 국적을 묻더니, 배 안에 단 두 명뿐인 한국인을 위해 한국어 방송이 나왔다. 오랜만의 한국어가 피오르드가 펼쳐진 바다 위에서 들려오니 묘한 기분이 든다.
하지만 아마도 이곳에 가장 잘 어울리는 언어는 침묵.
다가왔다 멀리 사라져가는 빙하의 흔적, 그리고 아리도록 푸르고 창백한 바다를 말없이 바라보았다.

아마도 이 풍경을 보고 싶었던 것 같다.

구불거리는 산길을 버스로, 보스 Gudvangen - Voss

어느 쪽에 앉아야 경치가 더 좋을까 하는 고민과 선택의 순간. 운전사 뒷자리가 답이더군요. 비에 젖은 구불구불한 산길을 능숙한 솜씨로 운전하던 기사는 폭포 앞에서 살짝 속도를 줄여 포토타임까지 외쳐주었고 무사히 도착하자 모두 운전수를 향해 박수를 쳐주었다.

마지막 여정인 베르겐행 기차 탑승까지는 조금 여유가 있어 역 앞의 도서관에서 잠시 시간을 보냈다. 호수를 앞에 둔 도서관은 무척이나 근사했다. 창밖으로 흘러내리는 빗줄기를 바라보며 자동판매기에서 뽑은 커피를 마셨다.

*송네 피오르드는 약 200Km에 달하는 세계에서 가장 긴 피오르드. 노르웨이의 피오르드 중 가장 인기 있는 코스다. 오슬로부터 베르겐까지, 혹은 그 반대 방향으로 기차와 버스, 배를 이용해서 피오르드를 보는 데에 이동 시간만 약 열 시간 소요된다.
오슬로~뮈르달 : 기차 약 4시간 40분 소요
뮈르달~플롬 : 사철 약 50분 소요
플롬~구드방겐 : 페리 약 2시간 소요
구드방겐~보스 : 버스 약 1시간 소요
보스~베르겐 : 기차 약 1시간 20분 소요
모든 구간의 교통수단을 한 번에 예약할 수 있는 넛쉘Nutshell을 이용하면 간편하지만 따로 표를 구입하는 것보다 다소 비싸다. 여행 준비 시간이 촉박하거나 성수기라 예매가 어려울 때 이용해볼 만하다. 각 구간의 표를 따로 구매할 때는 현지의 해당 역에서 티켓을 구입할 수 있지만 오슬로~뮈르달, 보스~베르겐 구간의 열차와 페리는 미리 예약하는 게 좋다. 특히 성수기에는 꼭 미리 예약해야 한다. 뮈르달~플롬행 산악 열차와 구드방겐~보스행 버스는 탑승 시 직원과 운전사에게 티켓을 구입할 수 있다.
노르웨이 철도 예약 사이트 www.nsb.no
페리 예약 사이트 www.visitflam.com
넛쉘 예약 사이트 www.norwaynutshell.com, www.fjordtours.com

피오르드의 끝, 그리고 베르겐 Voss - Bergen

아름다운 꿈을 꾼 기분이었다. 피오르드라는 길고도 짧은 꿈.

베르겐
Bergen

베르겐에 도착한 순간 이 도시를 그리워하게 될 것을 예감했다. 안개와 비 속에 어렴풋이 모습을 드러낸 도시는 흡사 오래 전 어느 밤에 꾸었던 몹시 아름다웠던 꿈, 혹은 어린 시절 어둑한 방안에 혼자 앉아 읽던 동화의 한 장면 같기도 했다. 동화 속에는 끝이 뾰족한 나무가 울창한 숲과 오두막집과 라즈베리를 뿌린 쌀이 익어가는 벽난로, 그리고 무스와 레인디어와 그 뒤를 쫓는 잔인한 늑대 떼와 거인과 트롤과 일곱 겹의 천으로 눈을 가려도 별을 볼 수 있는 소녀가 나왔다. 부연 안개와 비의 베일이 살짝 걷히고 나면 그 모든 것들을 이 도시에서 만날 수 있을 것 같은 기분이 들었다.

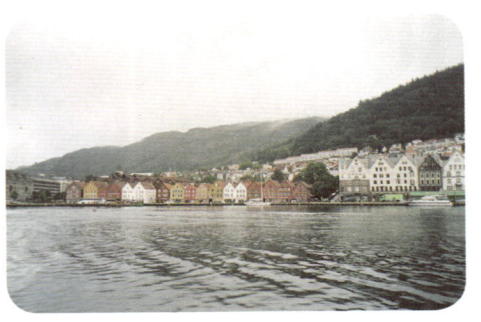

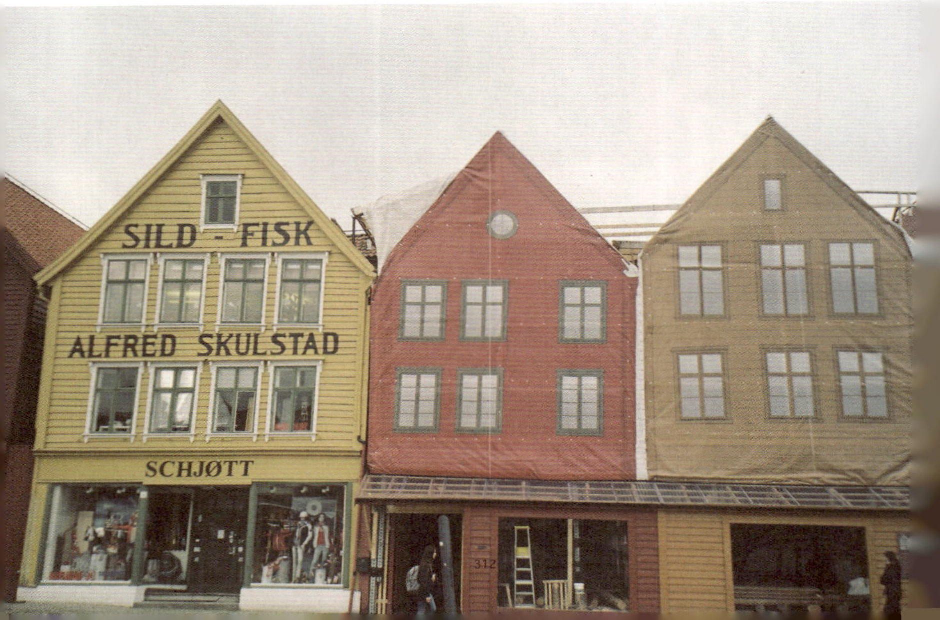
SILD - FISK
ALFRED SKULSTAD
SCHJØTT
312

엘사와 엘프의 마을

오래된 거리에 귀와 눈을 기울여 이곳에 살았던 사람들과 시간의 자취를 더듬어본다. 동화 속 집처럼 알록달록한 목조 건물이 들어선 이 거리의 원주민들은 숲에서 눈을 헤치고 내려온 엘프였을 것만 같다. 아름다운 바다를 따라 펼쳐져 있는 브뤼겐은 '항구' 라는 뜻으로, 13세기에 상인들이 집과 창고 건물을 짓고 살면서 마을을 이뤘다. 1702년 화재로 소실되었으나 예전의 모습을 살려 재건된 건물은 레스토랑이나 공방, 기념품숍 등으로 이용되고 있다. 브뤼겐 지구 전체가 유네스코 세계 문화유산으로 지정되어 있다.

브뤼겐 WAY 중앙역에서 도보 15분
Bryggen

사슴과의 조우

투 쿠커
To Kokker

WAY 중앙역에서 도보 15분
ADD Enhjørningsgården 29
TEL +47 55 30 69 55
OPEN 월~토 17~23
CLOSE 일요일
WEB www.tokokker.no

폭우를 뚫고 도착한 우리에게 레스토랑의 직원이 -오늘 날씨가 아주 근사하죠? 하고 한쪽 눈을 찡긋해 보였다.
어둑한 골목 안쪽 깊숙이, 조금 비뚤어진 기둥이 받치고 있는 목조 건물의 삐걱거리는 계단 위, 낮은 천장 아래 작은 테이블에 촛불이 아늑하게 밝혀진 식당에서 우리는 처음으로 사슴과 긴밀하게 만났다. 네, 사슴 스테이크를 먹었습니다. 그 맛은 젖은 낙엽과 부드러운 이끼가 깔린 축축한 흙과 농밀한 숲의 향기가 생생한, 뭔가 야생의 맛이 느껴진달까요. 투 쿠커는 두 명의 요리사라는 뜻으로, 전통 노르딕 요리를 낸다. 순록, 사슴, 양, 생선 등 다양한 재료를 이용한 코스요리가 아주 훌륭했는데 메인요리만 주문할 수도 있다. 예약 없이는 자리 잡기 힘들다는 식당은 날씨 때문에 다행이랄까, 빈자리가 있었으나 우리가 나올 때는 가득차 있었다. 베르겐에서 비가 오지 않는 날은 손에 꼽을 정도라, 이 정도 비는 일상이라고 하더군요.

자매의 어묵, 국왕의 단골집

70년 단골일 것 같은 할머니도, 엄마 손 잡고 나온 어린 아이도, 모자를 경쾌하게 눌러쓴 아가씨도, 목에 카메라를 걸고 있는 관광객도 어찌나 맛있게 먹고 있는지 절로 군침이 돌았다. 옛날 부둣가에 살던 솜씨 좋은 하게린 자매는 싱싱한 생선으로 어묵을 만들어 팔기 시작했고 그 맛이 소문이 자자해 가게 앞에 늘 긴 줄이 늘어섰다고 한다. 1929년에 문을 연 가게는 지금도 하게린 자매가 만들던 방식 그대로 어묵을 만들고 여전히 인기다. 올라프 국왕도 이 집 어묵을 즐겨 먹었다고 한다.

쇠스트레네 하게린
Søstrene Hagelin

WAY 어시장 가는 길 Strandgate 끝
ADD Strandgaten 3
TEL +47 55 90 20 13
OPEN 월~금 9~19, 토 10~17
CLOSE 일요일
WEB www.sostrenehagelin.no

항구의 작은 시장

어깨를 부딪치며 인파를 뚫고 가는 일은 이 한적하고 조용한 거리에서는 좀처럼 일어나지 않는 일이지만 바다를 끼고 서있는 작은 어시장은 분명 이 도시에서 가장 활력 넘치는 곳이었다. 시장이라고 해서 가격이 싼 것은 아니었지만 베르겐의 물가를 고려하면 그럴 만도 했고 현지인보다는 관광객이 많은 시장이란 점도 가격 형성에 한몫 하는 듯싶었다. 마약가루를 탄 듯 감미로운 햇살과 아름다운 바다 앞에서 관광객들은 너그러워지고 기꺼이 지갑을 여는 법이니까. 생선들이 뿜어내는 싱싱한 색과 바다 냄새를 맡으며 야외 테이블에서 막 튀기거나 쪄낸 생선 요리를 먹는 사람들을 구경하는 건 늘 흥미롭다.

어시장
Fisketorget

WAY 브뤼겐 초입, 관광 안내소 부근
ADD Stradkaien
OPEN 5월~8월 7~19, 9월~4월 8~16
CLOSE 9월~5월의 일요일

안개가 걷히자 저 아래

귀여운 열차를 타고 10분쯤 비탈길을 올라 도착한 산 정상에는 요란한 기념품숍이나 위용을 자랑하는 탑 같은 것도 없이 야외학습 나온 유치원생들이 달려 왔다. 그 뒤로 트롤이 짙은 안개 속에서 튀어나왔다. 갑자기 뺨을 서늘하게 스치고 안개가 사사삭 빠른 속도로 물러나자 초록 트롤의 숲이 모습을 드러냈다. 바람이 불어오는 곳으로 고개를 돌리자, 저 멀리 푸른 바다와 피오르드와 메르헨의 도시가 펼쳐졌다.

플뢰옌
등산 열차
Fløyen

WAY 중앙역에서 도보 15분, 브뤼겐 초입에서 탑승
ADD Vetrlidsallmenningen 23 A
TEL +47 55 33 68 00
OPEN 월~금 7:30~23, 토·일 8~23
(10~19시는 15분 간격, 그 외 시간은 30분 간격 운행)
FEE 열차 요금(왕복) 어른 95NOK, 4~15세 50NOK
WEB floyen.no

기쁨은 불시에

오래된 거리 브뤼겐에서 이런 세련된 숍을 만나리라 생각 못했다. 도무지 현실감 없는 동화 같은 13세기의 집 안에도 조명이 달려있고 캐서린홀름의 냄비에 생선국을 끓이는 노르웨이안 스타일의 생활이 있는 것이다. 그런 생활에 소용되는 물건과 효용 여부 같은 건 나중에 생각게 하는 예쁜 제품들이 숍 안에 가득했다. '물건'을 가리키는 경쾌한 이름의 팅은 노르웨이를 비롯해 북유럽 디자이너의 제품을 판매하는 편집숍. 느낌 좋은 나무로 만들어져 손에 착 감기는 연필깎이를 하나 골랐다. 연필은 잘 쓰지도 않으면서 욕심이 난다. 디자인이란 그런 것이다.

팅
ting

ADD Bryggen 13
TEL +47 5521 5480
OPEN 월~금 10~20,
토 10~18, 일 11~17
WEB www.ting.no

아름다운 편집숍

쇼윈도 디스플레이가 너무 귀여워서 안 들어가 볼 수가 없었다. 로스트는 가구와 인테리어 소품, 테이블 웨어와 그릇, 목욕 제품, 의류, 어린이 용품 등을 모아놓은 편집숍. 북유럽 인테리어란 이렇게 세련되고도 귀여운 것이로구나, 하고 둘러보다가 영국 디자이너 도나 윌슨Donna Wilson의 뜨개 인형과 멜라민 접시를 발견하고 이것도 여기서 보니 묘하게 북유럽 느낌이네, 하고 생각했다. 국경을 초월해 예쁘고 귀여운 것들이 다 모여 있었다.

로스트
Røst

ADD Bryggen 15
TEL +47 4889 4499
OPEN 월~금 10~20,
토 10~18, 일 11~17
WEB www.butikkenrost.no

노르웨이 남자의 과묵함

펭귄이라는 귀여운 이름의 식당에서는 과묵하고 수줍은 노르웨이 남자답지 않게 몹시 싹싹한 직원이 우리가 메뉴를 고르자 잘 골랐다며 폭풍 칭찬해주고 맥주도 마시겠다고 하자 엄지 척 세워 보이며 근사한 미소를 마구마구 날려주었다. 꼭 그래서만은 아니고 음식도 맛있고 생맥주도 근사하고 캐주얼한 분위기가 편안해 좋더군요. 그동안 노르웨이 남자들이 과묵하고 수줍게 우리를 대한 건 다 이유가 있었겠죠.

핑비넨
Pingvinen

WAY 중앙역에서 도보 10분
ADD Vaskerelven 14
TEL +47 55 60 4646
OPEN 월~목 15:30~1, 금~일 13~1

안개에 관해 말하자면

산 위로부터 혹은 바다에서 밀려온 안개로 도시는 베일을 내려쓴 소녀처럼 어슴푸레하다. 아침인지 저녁인지 어쩌면 대낮일지도 모를 거리의 미로 같은 좁은 골목을 물고기처럼 걷는다. 닫힌 문 안에는 오래전 바다에서 올라온 인어들이 커튼 사이로 숨죽여 거리를 내다보고 있을 것 같다. 혹은 숲의 정령일지도. 골목 끝에는 아주 맛있는 커피를 파는 작은 카페가 있다.

덧 릴레 카페 콤파니엣
Det lille kaffe kompaniet

WAY 플뢰엔 등산 열차 매표소에서 도보 1분
ADD Nedre Fjellsmauet 2
TEL +47 55 31 6720
OPEN 월~금 10~20, 토·일 10~18

비의 거리, 바람의 성

항구의 끝에는 13세기에 지어진 요새가 있다. 그러니까 우리는 무려 13세기의 도시에 와있는 것이다. 무시무시한 바이킹의 시대가 끝나고 왕위 다툼이 치열했던 노르웨이의 수도로, 후에 한자 동맹의 중심지로 번영했던 베르겐의 안전을 위해 세워진 요새의 마당에는 기사의 갑옷 소리가 덜그럭거리고 창과 방패가 빛났지만 지금은 잘 가꿔진 나무 아래 시민들이 조용하게 산책을 한다. 구름이 몰려들더니 삽시간에 빗방울이 쏟아졌다. 지붕 아래서 비가 지나가길 기다렸다.

베르겐후스 　ᵂ　ᴬ　ʳ　중앙역에서 도보 20분, 브뤼겐 지구 끝
Bergenhus 　　ᴬ　ᴰ　ᴰ　Bergenhus

창밖으로 삼각형 지붕

13세기에 지어진 건물 사이에서, 아마도 이것이 북유럽풍이겠지 싶은 모던하고 세련된 로비의 늘 미소를 잃지 않는 친절한 직원의 눈인사와 고등어조림과 청어절임이 있는 조식 뷔페, 공항까지 오가는 셔틀버스 서비스까지 있는 편리하고 쾌적한 호텔의 푹신한 침대 위에서 잠이 들고 눈을 뜬다는 건 묘한 기분이었다. 커튼 사이로 오래된 삼각형 집이 보였다.

래디슨 블루
로열 호텔
Radisson
Blu Royal Hotel

WAY 브뤼겐 지구, 베르겐후스 근처
ADD Dreggsallmenningen 1
TEL +47 555 430 00
WEB radissonblu.com

바이킹의 아침 식사

고백하자면 호텔 조식을 좋아한다. 도무지 멈출 수가 없어 에스프 레소를 13잔이나 마신 볼로냐의 호텔도, 잼이 너무 맛있어서 빵을 한 바구니나 먹었던 아비뇽의 작은 호텔도, 너무 부드러워 구름을 먹는 것 같은 계란말이를 내놓았던 오키나와의 민숙도, 샛노란 꿀을 삼키는 듯했던 망고를 맘껏 먹었던 치앙마이의 호텔도 좋았지만 이 호텔의 조식도 두고두고 생각날 것 같다. 절인 청어와 신선한 연어를 실컷 먹었습니다. 역시 바이킹 뷔페의 본고장이니까요.

스칸딕 오르넨
Scandic ørnen

WAY 중앙역에서 도보 4분
ADD Lars Hillesgate 18
TEL +47 553 750 00
WEB scandichotels.no

호수를 둘러싼 미술관

베르겐을 더욱 운치 있는 도시로 만드는 것은 코드KODE 미술관이다. 릴르 룽게가르즈반 호수를 둘러싸고 네 개의 건물이 아름답게 서있다. 1관은 장식미술, 2관은 컨템포러리 아트, 3관은 노르웨이 미술가 달J.C.Dahl과 뭉크의 작품, 4관은 피카소를 비롯해 세계 유명 작가의 그림이 전시되어 있다. 제일 인기가 많은 곳은 3관으로, 오슬로에 있는 뭉크미술관보다 더 많은 뭉크의 그림을 소장하고 있다. 뭉크의 그림을 연대별로 전시해 놓아, 화풍의 변화를 볼 수 있어서 흥미로웠다. 티켓은 한 장 구입으로 모든 미술관을 둘러볼 수 있고 이틀간 유효하다.

**베르겐
국립미술관
KODE**

- WAY: 중앙역에서 도보 10분
- ADD: Rasmus Meyers allé 9
- TEL: +47 53 00 97 04
- OPEN: 5월 중순~9월 중순 11~17 (KODE 3관 10~18), 9월 중순~5월 중순 화~금 11~16, 토·일 11~17(전시관마다 오픈 시간이 조금씩 다르니 홈페이지에서 확인)
- CLOSE: 9월 중순~5월 중순의 월요일
- FEE: 어른 130NOK, 학생 60NOK, 17세 이하 무료
- WEB: www.kodebergen.no

푸르스름한 새벽, 기차역 카페

베르겐 익스프레스는 밤을 건너 작고 수수한 중앙역에 도착한다. 푸른 새벽빛이 스며드는 거리를 바라보며 커피를 한 잔 마신 여행자는 피로하지만 조금은 설레는 기분으로 가방을 들고 아직은 낯선 도시를 향해 나선다.

숲과 정령, 바다와 피아노의 집

트롤과 숲의 정령이 나무 그늘 아래 숨어 있을 것 같은 숲에 둘러싸인 야트막한 언덕에 작은 집 한 채가 바다를 내려다보며 서있다. 그리그가 아내 니나와 20여 년간 함께 살다 생을 마친 이 집은 트롤하우겐이라 불린다. '트롤이 사는 언덕'이 그 뜻이다. 푸른 바다와 호수, 투명한 하늘과 태양, 부연 운무를 몰고 오는 비, 험준한 피오르드의 자락과 계곡 사이의 서늘한 그늘, 만년설 위에 부서지는 햇살, 침엽수가 우거진 짙은 숲, 어느 날 그 위로 고요히 내리는 눈. 작은 집의 창밖으로 보이는 풍경을 그리그는 악보에 담았다. 피아노 소리가 조용히 콘서트홀에 울려 퍼진다. 업라이트 피아노 뒤로 파도가 은빛 비늘처럼 일렁이고 나뭇잎이 반주에 맞춰 춤을 추듯 고요히 흔들렸다. 엄마 품에 안긴 듯 평화롭고 나른한 기분이 찾아오며 나도 모르게 갑자기 눈물이 쏟아져 내렸다. 이유도 모른 채, 나는 가만히 울었다.

트롤하우겐
Troldhaugen

W A Y 트램으로 Hop역 하차 도보 20분
A D D Troldhaugvegen 65
T E L +47 55 92 2992
O P E N 10~16
F E E *입장료 어른 110NOK,
학생 55NOK, 16세 이하 무료
*투어(버스+입장료+콘서트)
어른 290NOK, 학생 240NOK,
16세 이하 100NOK
*콘서트(입장료 별도)
어른 180NOK, 학생 120NOK,
16세 이하 50NOK
W E B en.visitbergen.com

*트롤하우겐에 있는 작은 콘서트홀에서는 5월부터 10월 중순까지 런치타임 콘서트가 있다. 연주 시간은 30분 정도, 런치를 제공하지는 않는다. 콘서트, 트롤하우겐까지 오가는 차량서비스와 입장료, 투어가이드가 포함된 티켓을 베르겐 인포메이션 센터에서 구매하거나 홈페이지 en.visitbergen.com 에서 예매 가능하다. 투어는 11시에 시작해서 세 시간 가량 소요된다.

sweden

finland

estonia

norway

denmark

map   copenhagen

루이지애나 미술관
핀 율 하우스

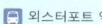 외스터포트 역

● 인어공주상

● 카스텔레 요새

● 디자인 박물관

● 아말리엔보르 궁전

●
왕립 오페라 하우스

뉘하운

travel information

*국가 정보

국명 덴마크 왕국 Kingdom of Denmark, Danmark
수도 코펜하겐 Copenhagen
언어 덴마크어
면적 43,094㎢
인구 약 559만 명
통화 덴마크 크로네(DKK)
시차 4월~10월은 7시간, 11월~3월은 8시간 한국보다 느리다.
비자 무비자로 90일간 체류 가능(쉥겐 조약 가맹국)

*날씨

위도에 비해 온난하고, 여름에는 서늘하여 기온의 연교차가 적다. 하지만 연중 바람이 많고 겨울에는 기후 변화가 심해서 체감 온도는 매우 낮다. 여름에도 아침저녁으로 쌀쌀해서 겉옷을 챙기는 것이 좋다. 여름을 제외한 계절에는 흐리고 비 오는 날씨가 이어진다. 여행에 좋은 시기는 해가 길고 날씨가 좋은 5월~9월.

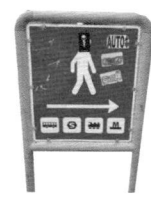

*덴마크까지 항공편
한국에서 덴마크까지 직항은 없고 경유해야 한다. 최단 비행시간은 약 13시간

*카스트롭 공항에서 시내 이동

<u>철도</u>
도심 중앙역까지 가장 편리하고 빠르게 이동할 수 있다. 티켓은 자판기와 DSB 창구에서 구매한다.
time table   24시간
time   약 15분 소요
cost   36DKK

<u>지하철</u>
M2라인 지하철로 뇌레포트 Nørreport역에 도착한다.
time table   24시간
time   약 20분 소요
cost   36DKK

*시내 교통

대중교통 수단으로 버스와 지하철이 있는데, 시내 중심가는 도보로 이동 가능하다. 인어공주상과 뇌레브로 지역 등은 지하철이나 버스로 이동하면 된다. 시내와 근교는 1~8존으로 나뉘어 요금이 책정되는데, 시내는 대부분 1~2존 요금이다. 1회권 구입시 1시간 동안 버스, 지하철, 국철 모두 환승 가능하다. 티켓은 자판기에서 구매할 수 있으며, 버스는 탑승시 기사에게 구입할 수도 있다.
1회권 : 1~2존 24DKK
24시간권 : 80DKK(1~4존, 공항 포함)
72시간권 : 200DKK

*환전
한국에서 덴마크 크로네로 환전하고 신용카드를 함께 이용한다.

모든 여행의 시작과 끝

떠나는 사람들의 들뜬 마음과 돌아오는 사람들의 안도한 마음으로 간신히 무게의 균형을 잡고 있는 지도 모른다, 기차역은.

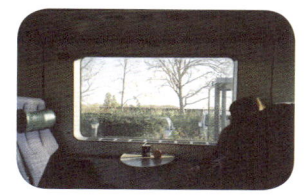

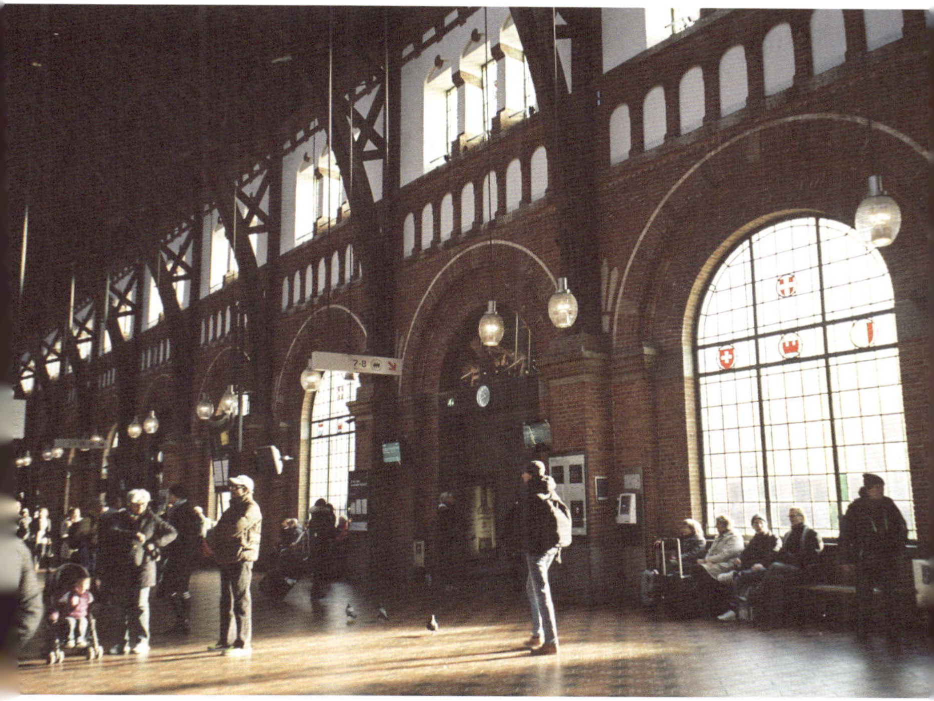

코펜하겐 중앙역

Copenhagen Central Station

WAY 시청에서 도보 10분

TEL +45 70 13 14 15

WEB www.dsb.dk

그 도시의 각인

코펜하겐 중앙역을 나와 낯선 도시에서 가장 처음 마주한 것은 티볼리 공원이었다. 도심 한 복판에 놀이공원이라니! 파란 하늘과 공중에 매달린 가로등, 티볼리 공원의 심볼은 이 도시가 매우 유쾌할 것만 같았고, 그 첫인상은 크게 빗나가지 않았음을 도시에 머무는 내내 확인할 수 있었다.

티볼리 공원은 1843년에 지어진 놀이 공원의 원조로, 공원 설립자의 친구였던 안데르센 동상이 티볼리 공원을 향해 고개를 돌리고 있다. 코펜하겐 사람이라면 거의 모두가 시즌권을 가지고 있어 시간이 날 때마다 들러 잔디밭에 누워 책을 읽거나 산책을 하며 공원을 즐긴다.

할로윈 시즌의 티볼리 공원은 하늘을 나는 호박 머리 허수아비와 쉴 새 없이 돌아가는 회전 목마 그리고 아이들의 기쁨으로 가득차 있었다. 내가 코펜하겐에 살았다면 틀림없이 시즌권을 사서 이런저런 이유를 대며 매일 티볼리 공원에 들렀을 것만 같다.

티볼리 공원
Tivoli Gardens

- **WAY** 중앙역에서 도보 1분
- **ADD** Vesterbrogade 3
- **TEL** +45 33 151 001
- **OPEN** 4월 초~9월 말, 할로윈 시즌,
  크리스마스 시즌(11월 중순~1월 초),
  겨울 시즌(1월 말~2월 중순)
  일~목 11~23, 금·토 11~24
  오픈 일자가 달라질 수 있으므로 방문 전
  홈페이지에서 확인하는 것이 좋다.
- **CLOSE** 10월~3월
- **FEE** 월~금 입장권 130DKK,
  토·일 입장권 140DKK,
  3~7세 60DKK,
  놀이 기구 티켓 별도 구매
- **WEB** www.tivoli.dk

행복의 광장

1905년 건축된 중세풍의 붉은 벽돌 건물 입구에는 코펜하겐의 창설자 압살론 주교상이, 오른쪽으로는 티볼리 공원을 바라보고 있는 앤더슨상이, 내부에는 옌스 올센이 설계한 독특한 천체 시계가 있다. 높이 106m의 탑 위에 오르면 코펜하겐 시내가 한눈에 내려다보인다. 시에서 주관하는 다양한 공식 행사와 축제, 시민들의 시위와 집회 장소로 사용되는 시청 앞 광장은 투어를 위해 모인 여행자들로 늘 북적이고 주말이면 결혼식을 축하하러 모인 사람들로 가득해 늘 누군가의 행복을 목격할 수 있었다.

코펜하겐 시청
Rådhus

WAY	중앙역에서 도보 10분
ADD	Rådhuspladsen 1
TEL	+45 33 66 25 82
OPEN	시청사 월~금 9~16, 토 9:30~13
	정원 9~16
	가이드 투어 월~금 10, 13, 15, 토 10
	탑 투어 월~금 11,14, 토 12
CLOSE	12월 24~25일, 12월 31일~1월 1일
FEE	시청사·정원·천체 시계 입장 무료
	시청사 가이드 투어 50DKK
	탑 가이드 투어 30DKK
WEB	www.kk.dk

걸어도 걸어도

코펜하겐 시청사 앞 광장에서 콩겐스 광장 동쪽까지 약 1.1km에 이르는 보행자 거리의 양쪽엔 온갖 상점들이 모여 있어 쇼핑을 즐기는 사람들로 언제나 활기를 띠고 있다. 채도는 낮지만 그래서 다정해 보이는 파스텔톤의 오래된 건물들이 어깨를 나란히 하고 유리창 안쪽에 보물들을 숨기고 사람들을 기다리고 있었다. 눈에 띄려고 애쓰기보다는 어울림을 선택한 상점들은 거리에 딱 좋을 만큼의 생기를 더하고 있었고, 긴 그림자를 드리운 돌바닥은 웃으며 지나는 사람들을 기분 좋게 받아들였다. 흔히 보던 브랜드의 상점조차 특별하게 만드는 풍경이 그곳에 있었다.

스트뢰에 거리 Strøget   W A Y 코펜하겐 시청사 앞 광장에서 콩겐스 광장 동쪽까지

모든 행운을 끌어 모은 햇살

왕관 모양의 지붕을 얹고 있는 르네상스 양식의 빨간 벽돌 건물을 보자마자 예감했다. 새하얀 바탕에 청아한 파란색 그림이 그려진 찻잔은 예쁘지만 내 취향은 아니라며 애써 외면해오고 있었지만 이제 곧 사랑에 빠지게 될 것을. 1616년에 지어진 아름다운 건물에서 1911년부터 손님을 맞아온 로얄 코펜하겐 본점은 내부도 우아하다. 꽃과 과일과 도자기로 가득 채워진 매장 안을 한걸음 한걸음 걸을 때마다 작은 탄식이 새어나왔다. 섬세하게 조각된 높은 천장 아래 단정한 창, 저녁 만찬을 준비해두고 손님을 기다리는 식탁 위로 떨어지던 햇살은 두고두고 기억에 남는다. 여행에서 내게 주어진 모든 행운을 다 써버린 듯, 아름다운 장면이었다.

로얄코펜하겐
Royal Copenhagen

WAY 시청에서 도보 10분
ADD Amagertorv 6
TEL +45 33 13 71 81
OPEN 월~금 10~19, 토 10~18, 일 11~16
WEB royalcopenhagen.com

블롬스트
BLOMST

- WAY 시청에서 도보 10분
- ADD Amagertorv 6
- TEL +45 33 12 11 22
- OPEN 월~목 9~19
  금·토 9~20
  일 9~18
- WEB www.royalsmushicafe.dk

앨리스의 티타임

로얄 코펜하겐 매장과 나눠 쓰고 있는 비밀의 정원을 지나 문을 열자 아름다운 공간이 나타났다. 담쟁이 넝쿨과 아치 모양 창, 드레스를 입은 소녀와 흐드러진 꽃이 춤을 추고, 하얗고 동그란 테이블엔 로얄 코펜하겐의 티포트와 찻잔과 크림 케이크가 기다리고 있는. 바쁜 토끼를 따라 티타임에 와버린 걸까, 기분 좋게 몽롱해지려는 순간 정신의 끄트머리를 부여잡고 주문한 것은 바로 스무시Smushi. 덴마크식 오픈 샌드위치인 스뫼르브로드Smørrebrod에 일본의 스시Sushi를 접목시킨 메뉴다.

한낮의 천문학

1642년 크리스티안 4세에 의해 세워진 동그란 모양의 탑은 한때 코펜하겐 대학의 천문대로 이용되었지만, 지금은 일반인에게 개방하고 있다. 동그란 탑의 내부를 완만히 휘감아 도는 복도를 따라 꼭대기에 오르니 파란 하늘 아래 장난감 마을 같은 코펜하겐 시내가 내려다보였다. 왠지 높은 곳에 올라 그 도시의 전경을 바라보고 있자면 마음이 누그러지면서 그 도시의 면면을 들여다보고 싶은 마음이 든다. 한낮의 천문대에서 별 대신 코펜하겐의 사랑스러운 면을 발견했다.

라운드타워
Rundetårn

WAY 시청에서 도보 15분
ADD Købmagergade 52A
TEL +45 33 73 03 73
OPEN 탑 5월~9월 10~20
10월~4월 월·화·목 10~18, 수 10~21
CLOSE 12월 24~25일, 1월 1일
FEE 25DKK, 5~15세 5DKK
WEB rundetaarn.dk

오래되어 좋은 곳

점원이 추천해준 라 글라세만의 오랜 레시피로 만든 스포츠케이크를 주문한 뒤, 아늑한 자리를 골라 앉았다. 케이크와 차가 맛있어서, 분위기가 좋아서, 점원이 친절해서, 혹은 그 모든 것이 어떤 가게를 굳이 시간 내어 찾아가는 이유가 된다. 거기에 내가 선호하는 가게의 공통점은 오래된 곳이라는 건데 그것은 시간이 주는 신뢰감 때문이다. 혹시 언젠가 다시 이 도시를 찾게 되었을 때도 견실히 자리를 지키고 있으리라는 미래에 대한 신뢰이기도 하다. 변하지 않아 주었으면 하는 것들이 아직은 조금 남아 있다.

콘디토리 라 글라세 WAY 시청에서 도보 7분
Konditori La Glace ADD Skoubogad 3
TEL +45 33 14 46 46
OPEN 월~금 8:30~18
토 9~18, 일 10~18
WEB www.laglace.dk

아름다운, 집

코펜하겐을 기억할 때면 헤이하우스HAY HOUSE의 창틀에 담긴 스트뢰에 거리가 떠오른다. 여행 중 많은 숍을 만났고, 물론 아름답다고 생각되는 곳도 많았지만 헤이하우스가 특별한 것은 아마도 누군가의 집에 초대받아 다녀온 느낌 때문일 것이다. 헤이하우스에는 헤이의 제품과 헤이의 안목으로 골라 전세계에서 온 제품들이 진열되어 있다. 모든 제품들이 자연스럽게 어우러지게 하는 것은 매장 내의 헤링본 나무 바닥과 하얀 벽, 햇살을 활짝 맞이하는 창. 현관문을 열고 들어가 거실과 안방을 지나 2층으로 향하는 계단을 오르며 구경하다 마음에 드는 의자에 앉아 한참 햇볕을 쬐는 것만으로 헤이의 제품이 좋아졌고, 우리집 거실에 두면 어떨까 하고 그 장면을 그려보게 되었다.

상상하게 만드는 힘 덕분일까, 헤이는 요즘 전세계에서 가장 사랑받는 브랜드 중 하나가 되었다.

헤이하우스
HAY HOUSE

WAY 시청에서 도보 10분
ADD Ostergade 61
TEL +45 42 82 08 20
OPEN 월~금 10~18, 토 10~17
CLOSE 일요일
WEB www.hay.dk

북유럽 디자인과의 조우

일룸스 볼리후스는 덴마크의 브랜드는 물론 전세계의 디자인 제품을 판매하는 4층 규모의 리빙 전문 백화점. 어마어마한 양의 컬렉션에 압도되어 무엇을 봐야할지 잘 모르겠다면 무리해서 모든 제품을 세세히 들여다보기보다는 책을 스르륵 넘겨보듯 요즘 디자인 트렌드를 읽는다는 느낌으로 훑어보길. 그러다 보면 낯익은 제품이나 브랜드가 눈에 들어오면서 제품들의 윤곽들이 서서히 떠오르게 된다. 사실 백화점 내의 모든 요소가 아름다워 감히 욕망하는 마음이 생기지 않을 정도였다. 막연히 북유럽 디자인이라고 생각했던 이미지들의 실물을 실컷 볼 수 있었던 것으로 흡족한 시간이었다.

일룸스 볼리후스
Illums Bolighus

- WAY 시청에서 도보 10분
- ADD Amagertorv 10
- TEL +45 33 14 19 41
- OPEN 월~목·토 10~19, 금 10~20, 일 11~18
- WEB www.illumsbolighus.dk

레고 모양을 한 행복

근엄하기보다는 어쩐지 즐거워 보이는 근위병이 지키고 있는 레고 성엔 열심히 자전거를 타는 코펜하겐 사람과 귀여운 얼굴을 하고 있지만 어쨌든 위협적인 용, 실제와 매우 닮은 뉘하운, 레고 모양의 조명, 수많은 레고 블럭을 앞에 두고 무엇을 골라야할지 난처하지만 즐거운 고민을 하고 있는 아저씨와 의외로 뚝딱하고 조립품을 골라 자기만의 레고 인형을 만들어내는 아이가 모두 모여 행복이란 모양을 만들고 있었다.

레고 스토어
Lego Store

WAY 시청에서 도보 8분
ADD Vimmelskaftet 37
TEL +45 52 15 91 58
OPEN 월~목·토 10~18
     금 10~19, 일 11~17
WEB www.lego.com

비를 좋아하는 호랑이

갑작스레 내린 비에 뛰어 들어간 곳은 플라잉타이거 코펜하겐 매장. 창업자인 레나드 라보시트가 버려진 우산을 수리해 비오는 날 자신의 잡화점에서 10크로네에 판매하다 10크로네를 뜻하는 속어 tier와 발음이 비슷한 타이거tiger를 브랜드명으로 사용했다고 하니 이건 운명이 아닌가 싶었다. 우리가 산 것은 플라밍고가 그려진 화려한 우산. 스트뢰에 거리를 지날 때마다 참새가 방앗간 다니듯 플라잉타이거에 드나들었고, 물가가 높은 북유럽에서도 마음껏 쇼핑을 즐기곤 했다.

플라잉타이거
Flying Tiger

WAY 시청에서 도보 20분
ADD Frederiksborggade 1
TEL +45 33 73 15 16
OPEN 월~금 9:30~19
　　　 토 10~18, 일 11~17
WEB flyingtiger.com

소녀를 만나러 오세요

덴마크에 가면 꼭 가고 싶었던 곳이 있다. 커다란 리본을 매고 장바구니를 든 푸른 드레스의 소녀가 마스코트인 이야마Irma. 바로 슈퍼마켓이다. 이야마는 지역 생산자들과 공정한 거래로 좋은 품질의 제품을 판매한다. 소비자가 제품을 구매하기까지의 모든 단계를 신중히, 그리고 감각적으로 담아내는 이야마는 가볼 만한 식료품점을 넘어서 덴마크의 랜드마크가 되었다. 거리 곳곳에 있는 이야마를 발견할 때마다 기뻐서 구경만 슬쩍 할까 하고 들어가 소녀의 그림이 그려진 우유며, 틴케이스에 담긴 과자, 홍차와 에코백, 티타월 등을 홀린 듯 사게 되었다. 특유의 사랑스러운 로고와 패키지에 반하지 않을 수 없다.

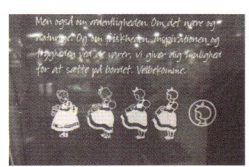

이야마
Irma

- WAY 시청에서 도보 3분
- ADD Vesterbrogade 1A
- TEL +45 33 13 03 53
- OPEN 월~금 7:30~자정, 토·일 8~자정
- WEB www.irma.dk

활기찬 도시의 시장

유리로 만들어진 두 채의 건물 안에 깔끔하게 구획된 매장들이 들어서 있는 실내 푸드마켓. 훈제 돼지다리가 주렁주렁 매달린 정육점 코너나 올리브 절임으로 가득한 코르크 통, 각종 오일과 향신료들을 구경하다보면 어쩐지 신나고 만다. 두 채의 건물 사이 야외 광장에 서는 채소와 과일, 꽃시장이 활기를 더한다. 농산물과 과일, 치즈, 빵, 해산물, 와인 등 각종 식재료와 요리를 구경하다 마음에 드는 요리를 골라 즐길 수도 있다. 날씨 좋은 날 야외 테이블에 음식과 맥주 한 잔을 놓고 이야기를 나누는 덴마크 사람들의 휘게 라이프를 잠깐이나마 즐겨보았다.

토르브할렌
Torvehallerne

WAY 뇌레포트 Nørreport역에서 도보 2분
ADD Frederiksborggade 21
TEL +45 70 10 60 70
OPEN 월~목 10~19, 금 10~20
     토 10~18, 일·공휴일 11~17
WEB torvehallernekbh.dk

반짝반짝 빛나는

블랙다이아몬드라는 애칭으로 더 잘 알려진 왕립도서관은 덴마크 전역의 도서를 소장한 초대형 도서관이자 코펜하겐 대학 부설 도서관이다. 블랙다이아몬드로 불리는 신관은 1999년에 지어져 본관과 구름다리로 연결되어 있다. 유명한 애칭은 검은 화강암으로 만들어진 외관 때문이기도 하지만 코펜하겐 시민에게 사랑받는 보석 같은 존재이기 때문에 붙여졌다. 키에르케고르의 수필 원고, 안데르센의 원본 동화와 종이 접기 작품을 보기 위해 찾은 여행자도 이 보석의 반짝거림에 반해버리고 말았다. 또다른 보물은 도서관 안에서 바라본 창밖 풍경이다. 건물 앞으로 잔잔히 흐르는 운하는 햇빛을 받아 아름다운 빛의 파편을 만들어내고 그 위를 수상버스가 잔물결을 일으키며 지나간다. 이런 곳에서 책이 눈에 들어오나요. 저는 무리입니다만.

왕립도서관
Det Kongelige
Bibliotek

WAY 크리스티안보르 궁전에서 도보 10분
ADD Søren Kierkegaards Plads 1
TEL +45 33 47 47 47
OPEN 월~금 8~21, 토 9~19
　　　7월~8월 월~금 8~19, 토 9~19
CLOSE 일, 공휴일(홈페이지 확인)
WEB www.kb.dk

낯선 도시의 온도

아름다운 유리 온실에 들어가자 미풍이 살짝 불어오고 공기 속에서 좋은 냄새가 났다. 바깥의 싸늘한 날씨를 잠시 잊었다. 생명이 내뿜는 초록 숨으로 가득찬 공간에서 조용히 가슴이 두근거리기 시작했다. 낯선 이국에서의 긴장감이 서서히 누그러지며 부드러운 햇살과 상냥한 온기가 온몸에 퍼져 나갔다.

보타닉 가든
Botanical Garden

- WAY 로젠보르 궁전 옆
- ADD Øster Farimagsgade 2C
- TEL +45 35 32 22 22
- OPEN 4월~9월 8:30~18, 10월~3월 8:30~16
- WEB botanik.snm.ku.dk

여왕의 말, 샹들리에의 방

크리스티안보르 궁전
Christiansborg Slot

웬일인지 궁전 안뜰에 세워진 기마상 아래로 진짜 말들이 달리고 있었다. 1167년 압살론 대주교에 의해 처음 지어진 궁전은 지금은 국회의사당과 여왕의 알현 장소로 사용되고 있다. 가이드 투어를 하며 800여 년 전 왕가의 화려한 궁정 생활을 짐작해볼 수 있다.

WAY	1A번·15번·26번 버스로 크리스티안보르 정류장에서 하차
ADD	Prins Jørgens Gård 1
TEL	+45 33 92 64 92
OPEN	여왕 알현실 5월~9월 9~17, 10월~4월 10~17 왕실 주방·성 유적 10~17, 왕실 마구간 13:30~16 극장 박물관 화~목 11~15, 토·일 13~16
CLOSE	여왕 알현실·왕실 주방·성 유적·왕실 마구간 11월~3월 월요일
FEE	여왕 알현실·왕실 주방·성 유적·왕실 마구간 종합 티켓 어른 160DKK, 학생 140DKK. 여왕 알현실 어른 95DKK, 학생 85DKK
WEB	www.christiansborg.dk

다정한 왕의 궁전

전 세계에서 가장 먼저 박물관으로 조성된 왕궁으로, 이 혁신적인 시도는 프레데릭 6세로부터 시작되었다. 그는 정신분열증을 앓던 아버지 크리스티안 7세를 대신해 16세부터 덴마크의 근간을 마련하고 국민에게 친근한 이미지로 다가간 왕으로 유명하다. 그 일환으로 1838년 로젠보르 궁전을 일반인들에게 활짝 열어 세계 최초로 왕실의 수익 사업을 시작한 것. 덕분에 지하에 소장된 갖가지 보석과 장식품으로 덴마크의 화려했던 시절을 상상하게 해준다. 유난히 소풍 나온 유치원생들이 많았던 궁전 가든 역시 무척 아름답다.

로젠보르 궁전
Rosenborg Slot

- WAY 6A · 11A번 버스로 Kongens Have 공원에서 하차
- ADD Øster Voldgade 4A
- TEL +45 3315 32 86
- OPEN 1월~4월 중순·11월~12월 10~15
  4월 중순~5월·9월~10월 10~16,
  6월~8월 9~17
- CLOSE 1월~4월·11월~12월의 월요일
- FEE 어른 115DKK, 학생 75DKK, 17세 이하 무료,
  아말리엔보르 궁전 통합 티켓 160DKK
- WEB kongernessamling.dk

미식의 습도

덴마크에서 난 신선한 식재료로 창의적이고 섬세한 요리를 내놓는 '뉴노르딕푸드무브먼트'의 주역인 미슐랭 스타 레스토랑 노마의 공동운영자 클라우스 메이어가 좀더 캐주얼한 느낌으로 만든 레스토랑 라디오는 호숫가, 옛 라디오 방송국 근처에 자리잡고 있다. 자체 농장에서 생산되는 재료에 따라 매일 메뉴를 정한다. 조용히 비가 내리던 날의 라디오는 평소보다 수분을 담뿍 머금은 공기가 차분히 떠돌고 있었다. 창가 테이블에 앉자 호박과 버섯, 시금치와 비둘기라고 적힌 간단한 메뉴판이 건네졌다. 요리가 나오기 전까진 그 정체를 알 수 없어 더욱 설레는 시간이었다. 화려한 플레이팅 없이 소박한 그릇에 담긴 요리는 모두 재료 자체의 신선한 맛을 살린 것들이었다. 신선한 호박에서 겨울비를 닮은 조금은 쌉싸래한 맛이 났다. 행복의 맛이었다.

라디오 Radio

WAY 66번 버스로 Peblinge Dossering정거장 하차 도보 5분
ADD Julius Thomsens Gade 12
TEL +45 25 10 27 33
OPEN 화~목 17:30~24,
　　　금·토 12~15, 17:30~24
CLOSE 일,월
WEB restaurantradio.dk

여행지의 단골 가게

코펜하겐 사람들의 아침을 책임지는 국민 빵집이라니 어쩐지 원조 할머니 해장국 만큼이나 신뢰가 가고, 이참에 나의 아침도 책임지게 만들고 싶어져 찾아간 그곳에는 정말 많은 사람들이 번호표를 뽑고 줄을 서 빵을 사고 있었다. 진열장을 가득 채운 빵 사이에서 골라낸 초콜릿 크림을 가득 채운 데니시 맛에 반한 우리는 점심과 저녁까지 맡기고 싶어졌다. 맛있는 빵을 많이 사먹었다는 이야기다. 단골이라고 부를 수 있는 가게가 생기자 이 도시가 더욱 좋아졌다.

라케에후세
Lagkagehuset

WAY 시청에서 도보 20분
ADD Frederiksborggade 6
TEL +45 33 11 29 00
OPEN 월~금 8~18:30, 토 8~18, 일 8~17
WEB lagkagehuset.dk

여행자의 아침

신비한 푸른빛을 띠던 하늘이 순식간에 밝아지며 도시의 윤곽을 드러냈다. 여행지의 아침은 그렇게 무방비 상태로 밝아온다. 창을 열고 도시의 청량한 아침 냄새를 맡는다. 겨울나라의 냄새에 색깔이 있다면 분명 쪽빛일 것이다. 코펜하겐 도심, 자칫하면 지나치기 쉬운 골목 안쪽에 모던한 북유럽의 디자인으로 전 세계 사람들을 불러 모으는 호텔 sp34가 있다. 아름다운 침실과 벽난로가 놓인 세련되면서 아늑한 로비, 딱 좋을 만큼의 친절한 서비스. 온실처럼 꾸며진 아름다운 출입문을 지나면 신선한 유기농 재료로 차려낸 충실한 조식이 준비돼 있다. 과일과 요거트, 갓 구운 빵 냄새와 커피 향이 가득한 식당에서 기분 좋은 웃음과 가벼운 설렘이 떠다닌다.

여행의 아침이다.

호텔 에스피34
Hotel sp34

WAY 중앙역에서 도보 25분
ADD Sankt Peders Stræde 34
TEL +45 33 13 30 00
WEB brochner-hotels.dk

슬픈 동화처럼

살짝 바랜 파스텔 톤의 건물과 바다가 어우러진 동화의 한 장면 같은 항구. 덴마크를 대표하는 풍경이다. 새로운 항구라는 뜻을 가진 뉘하운은 교역이 활발하던 시절 덴마크로 도착하는 모든 종류의 배가 정박하는 곳이었다. 17세기만 해도 교역으로 세계적인 명성을 얻으며 각처에서 선원들이 몰려들었고, 그들의 유흥을 위한 선술집이 모여 있었다. 지금은 더 이상 새 항구가 아닌 오히려 고즈넉한 옛 정취가 묻어나는 곳이다. 아름다운 목조 건물의 1층은 레스토랑과 카페로 이용되고 있다. 동화작가 안데르센은 뉘하운 20번지에 살며 가난과 싸우며 작품들을 발표했다.

뉴하운
Nyhavn

W A Y 26번 버스 Kongens Nytorv정거장 하차 도보 4분

꼬마 병정의 행진

뉴하운에서 북쪽으로 몇 걸음 걸으면 탁 트인 광장이 시야에 들어온다. 바로 1794년 이래 덴마크 왕실의 거처로 사용되는 아말리엔보르 궁전이다. 프레데릭Frederik 5세의 동상을 중심으로 팔각형의 광장을 둘러싸고 네 방향으로 칼로 자른 듯 똑같은 로코코 풍의 건축물이 장엄한 자태로 서있다. 그리고 우리가 기대한 것은 바로 높게 솟아있는 검은 털모자를 쓴 근위병들! 동화 속 꼬마 병정의 현신이었다. 근엄한 표정을 짓고 있지만 어쩐지 몹시 귀여웠습니다.

아말리엔보르 궁전
Amalienborg Kongehuset

- WAY 뉴하운에서 도보 5분
- ADD Amalienborg, Christian VIII's Palæ
- TEL +45 33 12 21 86
- OPEN 박물관 1월~4월·11월~12월 10~15
  5월·9월~10월 10~16, 6월~8월 10~17
  *근위병 교대식 5월~9월 수·토·일 12시
- CLOSE 1월~4월·11월~12월의 월요일
  12월 23~25일
- FEE 어른 105DKK, 학생 70DKK, 17세 이하 무료,
  가이드 투어 어른 140DKK, 학생 110DKK,
  17세 이하 45DKK
- WEB kongernessamling.dk

잘 지내나요

성수기를 비껴난 계절에 인어공주상을 찾는 이는 아무도 없었고, 청회색 바다를 배경으로 바위 위에 홀로 앉아 있는 80cm 크기의 동상은 상상했던 것보다 더 작았다. 마침 사뿐사뿐 눈발이 날리기 시작하자 인어공주상은 이야기의 엔딩만큼이나 가련하고 애처로워 보였다. 하지만 <인어공주>는 원래 아름답지만 슬픈 이야기이고, 여기 이 인어공주상이 있는 곳보다 더 어울리는 곳은 없을 것 같다. 그 쓸쓸한 풍경에 실망하는 사람도 많지만, 잊고 지냈던 오랜 친구를 만난 듯 어쩐지 반가웠다.
인어공주는, 무엇을 바라보고 있는 걸까.

인어공주상
Den Lille Havfrue

^{W A Y} 아말리엔보르 궁전에서 도보 15분
^{A D D} Langelinie

별 모양의 비밀

덴마크 지도를 볼 때마다 궁금했던 별 모양의 요새는 1662년 이후부터 제2차 세계대전까지 코펜하겐을 방어하는 역할을 맡았던 군사시설이었다. 물론 그 쓰임새를 가장 염두에 두고 지어졌겠지만, 그 모양엔 어쩐지 동화 같은 이야기가 숨어있을 것만 같다. 나무 다리를 지나 요새의 입구로 들어서자 돌바닥과 빨간 벽돌 건물이 아기자기한 중세시대로 타임슬립한 기분이 들게 했다. 잔디밭이 끝도 없이 펼쳐져 시민들의 산책길이 되어주고 있었다.

카스텔레 요새
Kastellet

WAY 아말리엔보르 궁전에서
바닷가를 따라 도보 20분
ADD Gl. Hovedvagt, Kastellet 1
TEL +45 72 81 11 41
OPEN 6~22
WEB kastellet.dk

디자인박물관
Designmuseet

- WAY 아말리엔보르 궁전에서 도보 5분
- ADD Bredgade 68
- TEL +45 33 18 56 56
- OPEN 화·목~일 10~18, 수 10~21 (폐관 30분 전 입장)
- CLOSE 월·공휴일
- FEE 어른 115DKK, 65세 이상 80DKK, 26세 이하·학생 무료
- WEB designmuseum.dk

거장의 발자국

볕이 드물고 혹독하고 긴 북유럽의 겨울은 사람들을 집에 오래 머무르게 했고, 안락함과 아름다움에 대한 욕망을 집에서 풀어내게 했다. 그 결과 따스하면서 심플하고 실용적인 새로운 양식이 생겼는데, 이것이 바로 우리가 열광하는 북유럽 스타일 디자인이다. 그중 덴마크 디자인은 특히 더 자연 친화적이다. 청명한 하늘과 햇살, 깨끗한 숲과 호수, 잘 정비된 거리와 온화한 성품의 덴마크 사람들, 이 모두가 잘 어우러진 덴마크 디자인은 견고하고 자연스러운 가구 디자인에서도 발휘된다. '만지지 마시오'란 말 대신 '앉아보세요'라고 권하는 박물관이 있다. 입구와 로비, 전시실에도 관람객용 의자가 놓여 있다. 그것도 책에서만 보았던 '작품' 대접 받는 유명 디자이너들의 가구들이다. 카레 클린트부터 한스 j.베그너, 아르네 야콥슨, 베르너 팬톤 등 대표 디자이너들의 작품을 총망라한 소장품의 양도 어마어마하다. 박물관에는 기분 좋은 카페도 있다.

노르딕 모양의 잠

여행지에서의 숙소에는 긴장과 고단함을 덜어 주는 것, 그 이상을 기대하곤 한다. 방문을 열었을 때 작은 탄식이 나오는 공간 같은 것 말이다.
호텔 알렉산드라는 모든 방을 아름답고 견고한 덴마크 가구로 꾸민 디자인 호텔이다. 핀율, 아르네 야콥슨, 베르너 팬톤 등 거장들의 가구를 직접 사용해볼 수 있는 좋은 기회. 누구에게나 열려 있는 호텔 로비 역시 거장의 가구들로 채워져 있지만 위화감이 들거나 압도적이지 않고 오히려 소박하고 아늑하게 느껴졌다. 묵직한 청동 열쇠로 열고 들어간 방에서 처음 앉아본 가구는 마치 평생을 사용한 것처럼 몸에 착 감겨왔다. 지나치게 꾸미지 않고 간결하지만 편안한 덴마크 디자인의 밤이었다.

호텔 알렉산드라
Hotel Alexandra

WAY 중앙역에서 도보 20분
ADD H. C. Andersens Blvd. 8
TEL +45 33 74 44 44
WEB hotelalexandra.dk

하루의 코펜하겐

과거 노동자들이 살던 지역에 가난하지만 자유로운 영혼들이 모여들어 독특한 분위기를 만들었다는 거리는 마치 공식처럼 사람들의 사랑을 듬뿍 받게 된다. 뇌레브로 지역의 예어스보겔도 그렇다. 개성 있는 갤러리와 빈티지숍, 디자이너의 부티크와 근사한 카페와 레스토랑들이 골목에 줄지어 있지만 전혀 북적이는 느낌 없이 조용한 여유가 흐른다. 세제 냄새를 풍기는 빨래가 널린 아파트와 어깨를 마주하고 있고, 그 사이로는 클래식한 자전거를 탄 사람들이 지나간다. 창밖에 둔 화분과 벽에 붙은 포스터가 부러 맞춘 듯 조화롭고, 작은 테이블을 한두 개 무심하게 내놓은 카페엔 기분 좋은 활기가 넘쳤다. 이 거리에서 잠시나마 코펜하겐의 일상을 지켜볼 수 있었다.

뇌레브로 예어스보겔

Nørrebro Jægersborggade

뇌레브로 **Nørrebro**의 아시스텐스 묘지
입구에서 시작되는 예어스보겔**Jægersborggade** 거리

오후 세 시의 카페라테

여행지에서는 평소보다 더 부지런히 카페를 찾는다. 지친 다리를 쉬기 위해 우연히 들른 카페도 있고, 일부러 찾아간 카페도 있다. 이 카페는 후자였다. 코펜하겐뿐 아니라 전세계인의 절대적 사랑을 받는다는 카페는 명성에 비하면 무척 소박했다. 다만 볶아지고 있는 원두의 냄새로 분명 좋은 커피를 마실 수 있을 것 같은 예감이 들었고, 커피는 맛있다는 말로는 부족할 만큼 좋았다. 한 알의 커피콩에서 한 잔의 커피가 만들어지는 모든 과정을 공정하게, 조심스레 돌보는 마음, 그것이 그곳을 더 좋아하게 만들었다. 천천히 음미하는 오후 세 시의 다정한 위로.

더 커피 콜렉티브
The Coffee Collective

아시스텐스 묘지 도보 5분
Jægersborggade 57
+45 60 15 15 25
월~금 7~19, 토·일 8~19
coffeecollective.dk

따뜻한 위로

그뢰드는 오트밀 같은 곡식을 물이나 우유에 끓여 소스나 토핑을 올려 먹는 덴마크 전통 음식. 그뢰드를 현대적인 방식으로 선보이고자 두 친구가 의기투합하여 만든 이 가게는 요즘 가장 핫하다는 예어스보겔에서도 그야말로 핫하다. 모르는 사람들과 자연스레 테이블을 나눠쓰게 되는 작은 공간, 주방 안에서 고소하고 부드러운 냄새가 풍긴다. 지어진 지 오래된 건물 특유의 느낌을 자연스레 살려 꾸민 가게는 소박하게 아름답다. 과연 어울릴까 싶은 재료들이 만들어내는 다정한 맛에 사랑받는 곳엔 이유가 있는 법이라고 고개가 끄덕여졌다. 그뢰드를 한입 먹자 찬 기운에 으슬으슬해진 몸에 따뜻한 기운이 천천히 퍼져 나갔다.

그뢰드
Grød

WAY 아시스텐스 묘지 도보 5분
ADD Jægersborggade 50
TEL +45 50 58 55 79
OPEN 월~금 7:30~21, 토·일 9~21
WEB groed.com

속 깊은 빵집

전세계의 미식가들을 코펜하겐으로 불러 모으는 레스토랑 노마Noma의 공동운영자 클라우스 메이어가 운영하는 메이어스베이커리는 덴마크 최고의 빵집으로 꼽힌다. 가장 맛있다고 소문난 건 데니시 페스트리. 공기에서 달콤한 버터 향이 나는 가게 안을 가득 채우고 있는 것은 화려한 장식보단 기본에 충실한 빵들이었다. 별 기대없이 한입 베어문 빵 맛에 깜짝 놀라고 말았는데, 평범한 모양의 빵 안쪽에 수만 겹의 결마다 쫄깃하고 달콤하며 부드럽고 풍부한 맛을 감추고 있었던 것이다. 언뜻 수수해 보이지만 가만히 들여다보면 세련된 맛을 가득 품고 있는 도시의 모습과 닮았다.

메이어스베이커리
Meyers Bageri

WAY 아시스텐스 묘지 도보 5분
ADD Jægersborggade 9
TEL +45 25 10 11 34
OPEN 월~금 7~18, 토·일 7~16
WEB www.meyersmad.dk

유쾌한 죽음 씨의 묘지

울창한 나무 사이 묘지에는 유모차를 끌고 나온 젊은 부부, 낮잠을 자거나 샌드위치를 나누어 먹는 사람들, 자전거를 타거나 기타를 치는 젊은이들이 만들어낸 밝은 분위기가 떠돌고 있었다. 묘한 기분이 들었다. 묘지라기보다는 공원 같은 느낌이었다. 원래 길을 잘 잃기도 하지만, 길을 잃고 끝도 없이 헤매고 싶은 푸르름이었다. 하지만 그날 확고한 목표가 있었던 우리는 커다란 전나무 숲과 호숫가를 지나 분수대 옆에서 잠시 빵을 나눠 먹다가 날아오르는 새들에 정신을 차려 얼룩무늬 강아지의 꼬리를 좇아, 상냥한 코펜하게너의 손가락이 가리키는 방향을 향해 부지런히 걸어 마침내 목적지에 다다랐다.
안녕하세요, 안데르센 씨.
사실 고백하자면 오래 전부터 팬이었어요.
묘지에는 안데르센과 함께 철학자 키에르케고르, 노벨 물리학상 수상자인 닐스 보어, 화가인 크리스토퍼 빌헬름 에케르스베르 등의 유명인이 잠들어 있다.

아시스텐스 묘지
Assistens Cemetery

- WAY 66번 버스 jagtvej정류장에서 도보 5분
- ADD Kapelvej 4
- OPEN 4월~9월 7~22
       10월~3월 7~19
- WEB assistens.dk

시간은 지나고 공간은 그곳에 남아

한때 정육점이 가득했던 미트패킹스트리트는 실력자들이 모여 근사한 레스토랑을 내며 새로운 거리 풍경을 만들어 가고 있다. 그 초입에 강렬한 간판을 달고 있는 파테파테가 있다. 고기와 간을 갈아 만드는 파테Pate 공장을 개조한 독특한 분위기의 공간이다. 프랑스, 스페인, 모로코 요리에서 영감받아 만든 다양한 메뉴를 선보인다. 간단한 메뉴로 시작하는 아침부터 와인바로 변신하는 자정까지 하루 종일 앉아 창밖으로 흐르는 시간을 음미하며 다양한 메뉴를 맛보아도 좋을 것 같았다. 고기러버인 우리가 주문한 스테이크는 모양새에 일단 반했고 한입 맛보자 으음, 하고 감탄이 절로 나왔다.

파테파테
Pate Pate

WAY 중앙역에서 도보 20분
ADD Slagterboderne 1
TEL +45 39 69 55 57
OPEN 월~수 11:30~자정, 목·금 11:30~1
      토 12~1(라스트 오더 폐점 2시간 전)
CLOSE 일요일
WEB patepate.dk

일렁이는 작은 마음

여행서에도 여간해서는 나오지 않고 아는 사람도 드물지만 오래 전부터 한번 가보고 싶었고, 그러면서도 진짜 갈 수 있을까 싶은 곳이 있었다. 만약 코펜하겐에 간다면 그곳에 가기 위해서라고 생각했는데 길모퉁이에 살짝 숨어 있는 작은 건물을 발견하고는 정말 기뻤다. 밖은 매서운 바람이 불고 있었지만 커피를 마시며 잠시 머물렀던 이 작은 공간은 내 마음 한구석에 자리잡아 때때로 살며시 떠오를 것이고 틀림없이 그것은 실제보다 더 아름다운 기억이 될 것이다. 아마도 여행이란 자신만의 이야기를 만들기 위해 떠나는지도 모른다.

센트럴호텔 앤 카페
Central Hotel & Café

WAY 중앙역에서 도보 15분
ADD Tullinsgade 1
TEL +45 33 21 00 95
WEB centralhotelogcafe.dk

우리의 부다페스트 호텔

그러니까 우리는 영화의 거리에 묵고 있었다. 침대에서 몸을 일으켜 커튼을 열면 영화 <부다페스트 호텔> 속 호텔 같은 파스텔색 영화관과 그 옆으로 귀여운 북극곰 마스코트가 그려진 작은 극장이 나란히 있었다. 우리가 묵고 있는 호텔이 있는 건물에도 브레맨 씨어터라는 작은 영화관이 있다. 라디오의 파이브 코스 요리를 먹고 난 뒤, 소화를 핑계 삼아 영화관 탐방에 나섰다가 멋진 산책로가 이어진 호수 저 건너로 화성에서 착륙한 것 같은 요상하지만 어쩐지 멋진 건물도 발견했다. 놀랍게도 아이맥스 영화관이었다. 어둑해서 영업은 안하나 들여다보았더니 사슴 같은 눈을 한 청년이 티켓 창구에 서 있었다. 마침 코펜하겐 영화제 기간이라 공유 씨의 영화가 상영되고 있어 아침저녁으로 극장 앞을 오갈 때마다 괜히 기뻐졌다.

어쩐지 영화관 이야기뿐이지만, 영화의 거리에 있던 우리의 호텔은 편리하고 아늑했다는 얘기다.

메르큐르호텔 WAY 중앙역에서 도보 7분
Mercur Hotel ADD Vester Farimagsgade 17
TEL +45 33 12 57 11
WEB mercurhotel.dk

햇살이 가득한 집

중앙역에서 전철을 타고, 버스로 갈아탄 뒤 이대로 가다간 영영 못 돌아오는 게 아닐까 하는 지점에서 우르르 내리는 사람들을 따라 작은 숲길을 걷다보면, 그가 살던 하얗고 작은 집이 나온다. 실내로 들어서면 탄식이 나올 만큼 따뜻한 볕이 듬뿍 들어오고, 그가 만든 가구가 쓰던 그대로 놓여 있다. 집 안을 둘러보고 있자니 그가 왜 그런 모양으로 가구를 디자인했는지 고개가 끄덕여진다. 그는 소박하면서도 세련되고, 명쾌하면서도 따스한 사람이었을 것 같다. 핀 율 얘기다.

핀 율 하우스와 울타리를 함께 하고 있는 오르드룹 지역 미술관에서는 마침 좋아하는 작가 모네의 전시회가 열리고 있었고, 미술관 카페에서 핀 율의 펠리컨 의자에 앉아 커피를 마시는 사이 얼마 남지 않은 여행의 시간은 조용히 흐르고 있었다.

핀 율 하우스
Finn Juhl's House

WAY 기차로 Lyngby까지 이동 388버스 환승 후 Ordrupgaard 정거장 도보 5분
ADD Ordrupgaard Vilvordevej 110
TEL +45 39 64 11 83
OPEN 주말 및 공휴일 11~16:45
7월~8월 화·목·금 13~16:45, 수 13~20:45, 토·일 11~16:45
FEE 어른 110DKK, 18세 이하 무료
학생 100DKK(수요일 17시 이후 학생 무료)
WEB ordrupgaard.dk

하루분의 여행

코펜하겐 중앙역에서 시작된 여행은 북유럽의 숲을 지나 덴마크의 북쪽에 위치한 훔레백이라는 작은 도시로 이어졌다. 창밖으로는 농담이 다른 녹색들로 이루어진 깊은 숲이 끝도 없이 펼쳐졌다. 가장 날씨 좋은 날 가기 위해 아껴두었던 루이지애나 미술관으로 향하는 길이다. 기차가 멈춘 곳은 빨간 벽돌로 지어진 작은 역사. 평화로운 시골 길을 걸어 마주한 미술관은 비밀스럽게 웅크린 집 한 채였다. 그리고 그 안에서 발견한 것은 탁 트인 바닷가를 마주한 아름다운 풍광이었다.

건물은 식물의 덩굴에 가려져 잘 보이지 않았지만 건축물로서의 존재감은 잃지 않았고, 그 자체로 하나의 작품이 되어주었다. 미술관 내부엔 유난히 커다란 유리창이 많았는데, 그래서 폐쇄된 건물이 아닌 숲속을 걷는 기분이었다. 이 감동은 미술관 내 카페에서도 이어졌는데, 푸른 바다를 배경으로 서있는 칼더의 조형물을 맛있는 뷔페를 먹으며 실컷 바라볼 수 있다는 것. 정말 완벽하게 아름다운 하루를 보냈다. '죽기 전에 꼭 가봐야 할 곳' 리스트 같은 건 별로 신뢰하지 않지만, 이 근사한 미술관에는 모두들 꼭 한번 가봤으면 좋겠다.

루이지애나 미술관
Louisiana

- **WAY** 중앙역에서 기차로 Humlebæk역 하차 도보 10분
- **ADD** Gl. Strandvej 13
- **TEL** +45 49 19 07 19
- **OPEN** 화~금 11~22, 토·일·공휴일 11~18
- **CLOSE** 월요일, 12월 24~25일, 12월 31일, 1월 1일
- **FEE** 어른 125DKK, 학생 110DKK, 17세 이하 무료
  (중앙역에서 훔레백역까지의 왕복 기차표와 미술관 입장권이 포함된 티켓을 중앙역에서 400DKK에 판매)
- **WEB** louisiana.dk

여행지의 추억을 담은 선물

from sweden

왼쪽 위부터 시계 방향으로 구스타프베리 아웃렛에서 산 리브Ribb 커피잔. 회토리에트 벼룩시장에서 산 구스타프베리 파엔자Faenza 브라운 찻잔. 구스타프베리 아웃렛에서 산 베르소 Berså 커피잔과 찻잔. 구스타프베리 아웃렛에서 산 투투 TurTur 커피잔. 도마 위는 감라스탄 앤티크숍에서 산 파엔자 브라운 커피잔. 이리스 한트베르크의 법랑 티스푼과 블렌드 티.

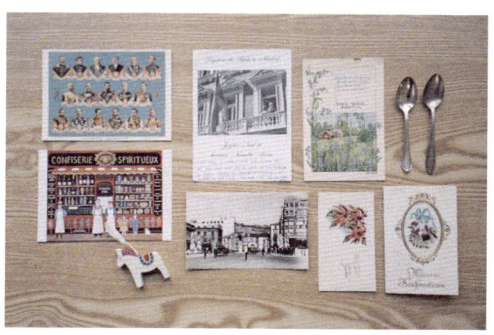

(위)왼쪽 위부터 시계 방향으로 앤아더스토리즈의 핸드크림. 이리스 한트베르크의 티타월. 블렌드티와 티스쿱. 허니디퍼와 버터나이프. 감라스탄의 기념품숍에서 산 초콜릿 박스. 아래는 칵테일에서 산 플라밍고 워터볼. 그 아래로 감라스탄 우체국에서 산 캔디 박스. 펠란스의 정사각형 캐러멜 박스. 위로 앤아더스토리즈의 매니큐어. 디자인 토르옛에서 산 린드그린의 작은 책들이 들어있는 박스. 삐삐가 그려진 오르골은 유니바켄. 시그투나 인포메이션에서 산 기념 마그넷. 디자인 토르옛에서 산 린드그린의 책. COOP에서 산 작은 성냥. 달라호스는 감라스탄의 기념품숍. 새와 집 모양 나무 오너먼트는 박스홀름의 기념품숍. 펠란스에서 산 직사각형 캐러멜 박스. (아래)회토리예트 벼룩시장에서 산 그림 엽서와 앤티크 스푼.

from finland

왼쪽 위부터 시계 방향으로 하카니에미 마켓에서 산 무민 그림이 그려진 성냥. 그림엽서는 포럼 무민숍. 하카니에미 마켓에서 산 무민 법랑 컵. 포럼 무민숍에서 산 무민 연필. K마트에서 산 무민 사탕. 포럼 무민숍에서 산 무민 쿠키. 무민 마그넷은 니데 북스토어. 포럼 무민숍에서 산 쿠키 커터.

1　　　　　2　　　　　3　　　　　4

1 마리메코 아웃렛에서 산 패브릭과 핸드백. 2 핀레이손Finlayson의 에코백. 3 카우니스테에서 산 포푸리 패턴의 에코백. 4 마리메코의 어린이용 원피스.

from estonia

(위)왼쪽의 그림 엽서는 에스티 캐시퇴에 코두에서 구입. ZIZI의 에스토니아산 리넨 티타월. 티타월 위의 탈린의 문 모양 초콜릿과 올빼미 마그넷, 도기 재질의 집 모양 오너먼트는 오마 아시에서 구입.

(아래)털양말은 비루 시장, 귀여운 곰 라벨의 꿀은 마트에서 구입.

from norway

1　2　3　4
5　　6
7
8　9

1 3 6 7 비르케룬덴 공원 벼룩시장에서 산 도자기 재질의 후추통, 빈티지 접시, 핸드메이드 에코백, 왕관 모양의 브로치. 2 4 빈티지 유리잔과 뜨개 코스터는 레트로뤼케에서 구입. 5 뭉크 미술관에서 산 뭉크 그림 엽서. 8 카를 요한슨 거리의 노점에서 산 오리 모양의 도자기 오너먼트. 9 트롤하우겐에서 산 그리그의 오르골.

from denmark

(위)왼쪽 상단의 산타 모양 오너먼트는 플라잉 타이거. 일룸스 볼리후스의 그림 엽서. 아래는 레고숍에서 산 산타 모양 열쇠 고리. 플라잉 타이거에서 산 펀칭기. 소녀 모양의 에그스탠드는 일룸스 볼리후스에서 구입. 여왕님이 그려진 냅킨과 플라밍고 모빌은 플라잉 타이거.
(아래)일룸스 볼리후스의 에그스탠드. 헤이하우스에서 구입한 미니 트레이. 루이지애나 미술관에서 산 쿠사마 야요이가 그린 인어공주 그림책.

stay

스톡홀름

미스 클라라 MISS CLARA by nobis   www.missclarahotel.com
엣헴 ett hem   www.etthem.se
비르예르얄 BirgerJarl   www.birgerjarl.se
호텔 셉스홀멘 Hotel Skeppsholmen   www.hotelskeppsholmen.se
스칸딕 그랜드 센트럴 호텔 Grand Central by Scandic   www.scandichotels.com/grandcentral
힐튼 스톡홀름 슬루센 Hilton Stockholm Slussen   www.hilton.com/Hotel/Stockholm
스칸딕 말멘 Scandic Malmen   www.scandichotels.com/malmen
스토리 호텔 Story Hotel   storyhotels.com
노포 로프트 NOFO loft   www.nofohotel.se
이비스 스타일스 스톡홀름 오덴플란 Ibis Styles Stockholm Odenplan   +46 8 12090300, Vastmannagatan 61
호텔위드어반델리 Hotel With Urban Deli   hotelwith.se
시티백패커스 호스텔 City Backpackers Hostel   www.citybackpackers.org
제너레이터 호스텔 Generator hostels   generatorhostels.com/destinations/stockholm
모세백 호스텔 Mosebacke Hostel   www.mosebackehostel.se
시티 호스텔 스톡홀름 City Hostel Stockholm   www.cityhostel.se

헬싱키

호텔 헬카 Hotel Helka   www.helka.fi
호텔 인디고 헬싱키 블러바드 Hotel Indigo Helsinki Boulevard   helsinki-boulevard.hotelindigo.com
클라우스 K 호텔 Klaus K Hotel   www.klauskhotel.com
글로 호텔 클루비 GLO Hotel kluuvi   www.glohotels.fi/en/hotels/glo-kluuvi
호텔 캄프 Hotel Kamp   www.hotelkamp.com
큐뮬러스 하카니에미 Cumulus Hakaniemi   www.cumulus.fi/hotellit/cumulus-hakaniemi-helsinki
클라리온 호텔 헬싱키 Clarion hotel Helsinki   www.nordicchoicehotels.com/Helsingfors
래디슨 블루 로열 호텔 헬싱키 Radisson Blu Royal Hotel Helsinki   www.radissonblu.com/en/royalhotel-helsinki
스칸딕 파시 호텔 Scandic Paasi Hotel   +358 9 2311700, Paasivuorenkatu 5 B
호텔 핀 Hotel finn   www.hotellifinn.fi/fi/etusivu
유로 호스텔 Eurohostel   www.eurohostel.eu
더야드컨셉트 호스텔 The Yard Concept Hostel   theyard.fi
이로타 얀푸이스토 호스텔 erotta janpuisto hostel   www.dianapark.fi

오슬로

스칸딕 오슬로 시티 호텔 Scandic Oslo City scandichotels.no
사가 호텔 오슬로 센트럴 Saga Hotel Oslo Central sagahoteloslocentral.no
스칸딕 불칸 Scandic Vulkan www.scandichotels.com/hotels/norway/oslo/scandic-vulkan
더 씨프 호텔 The Thief thethief.com
퍼스트 호텔 그림스 그렌카 First Hotel Grims Grenka www.firsthotels.no/hoteler/norge/oslo/first-hotel-grims-grenka
톤 호텔 로젠크란츠 오슬로 Thon Hotel Rosenkrantz Oslo +47 23 31 5500, Rosenkrantz' gate 1
시티박스 Citybox Oslo citybox.no
앵커 호스텔 Anker Hostel ankerhostel.no

베르겐

래디슨 블루 로열 호텔 Radisson Blu Royal Hotel radissonblu.com
스칸딕 오르넨 Scandic Ørnen scandichotels.no
클라리온 컬렉션 호텔 하프넥콘트렛 Clarion Collection Hotel +47 55 60 1100, Havnekontoret Slottsgaten 1
클라리온 호텔 애드미럴 Clarion Hotel Admiral +47 55 23 6400, C. Sundts gate 9
스칸딕 바이파르켄 Scandic Byparken +47 55 54 5600, Christies gate 5-7
베스트 웨스턴 플러스 호텔 호르다헤이멘 Best Western Plus Hotell Hordaheimen www.hordaheimen.no
베르겐 YMCA호스텔 Bergen YMCA Hostel www.bergenhostel.com
마르켄 게스트하우스 Marken Guesthouse marken-gjestehus.com
몬타나 호스텔 Bergen Hostel Montana www.montana.no
피아노 호스텔 Piano Hostel www.pianohostel.no

코펜하겐

호텔 에스피 34 Hotel SP 34 www.brochner-hotels.dk/hotel-sp34
알렉산드라 호텔 Hotel Alexandra hotelalexandra.dk
메르큐르 호텔 Mercur Hotel mercurhotel.dk
스테이 코펜하겐 인 덴마크 STAY Copenhagen in Denmark staycopenhagen.dk
래디슨 블루 로열 호텔 코펜하겐 Radisson Blu Royal Hotel Copenhagen www.radissonblu.com/en/royalhotel-copenhagen
71 니하븐 호텔 71 Nyhavn Hotel www.71nyhavnhotel.dk
안데르센 부티크 호텔 Andersen Boutique Hotel www.andersen-hotel.dk
웨이컵 코펜하겐 볼호르가데 Wakeup Copenhagen Borgergade www.wakeupcopenhagen.dk
캐빈 시티 Cabinn City www.cabinn.com/hotel/city-hotel-koebenhavn-copenhagen
어반 하우스 호스텔 Urban house hostel urbanhouse.me
제너레이터 호스텔 코펜하겐 Generator Hostel Copenhagen generatorhostels.com/destinations/copenhagen
입슨스 호텔 Ibsens Hotel www.arthurhotels.dk/ibsens-hotel

북유럽 반할지도

ⓒ최상희·최민 2019

초판 1쇄 2017년 7월 3일
재판 1쇄 2019년 11월 22일

지은이	최상희 · 최민
디자인하고 펴낸이	최민
펴낸곳	해변에서랄랄라
일러스트	엘
출판등록	2015년 7월 27일 제406-2015-000098호
주소	경기도 파주시 가온로 205
문의	031-946-0320(전화), 031-946-0321(팩스)
전자우편	lalalabeach@naver.com
블로그	http://blog.naver.com/lalalabeach
인스타그램	@lalalabeach_
ISBN	979-11-955923-3-3

이 책의 모든 내용 및 사진, 일러스트는 저작권법에 의해 보호 받으며,
별도의 허가 없이 사용할 수 없습니다.